rowohlt

Daniela Dahn

WIR SIND DER STAAT!

Warum Volk sein nicht genügt

Rowohlt

3. Auflage März 2017

Lektorat Frank Strickstrock
Satz aus der Documenta PostScript
bei Dörlemann Satz, Lemförde
Druck und Bindung CPI books GmbH, Leck, Germany
ISBN 978 3 498 01333 2

INHALT

1. DER STAAT ALS HERRSCHAFTS-INSTRUMENT

Haben wir die Freiheit, die wir verdienen?

> Man muß, wenn von Freiheit gesprochen wird, immer wohl achtgeben, ob es nicht eigentlich Privatinteressen sind, von denen gesprochen wird.
>
> *G. W. F. Hegel*

> In der Gesellschaft sind alle gleich. Es kann keine Gesellschaft anders als auf den Begriff der Gleichheit gegründet sein, keineswegs auf den Begriff der Freiheit. Die Gleichheit will ich in der Gesellschaft finden; die Freiheit, nämlich die sittliche, daß ich mich subordinieren mag, bringe ich mit.
>
> *Johann Wolfgang Goethe*

Die einst geforderte *Pflicht zum Ungehorsam gegen den Staat* genügt nicht mehr – heute geht es um die *Pflicht des Staates zum Gehorsam gegen den Bürger.* Warum? Durch Weigerung ist Macht nicht zu bekehren, die Konflikte haben Dimensionen angenommen, die nur noch durch Selbstermächtigung zu lösen sind.

Die Regierenden regieren nicht mehr. Die Repräsentanten repräsentieren nicht mehr. Wenn's heikel wird, vollziehen die Vollziehenden nicht mehr. Den Gewinnern gehört das Casino. Die Wutbürger erproben ihre Macht nicht. Die einzige Begrenzung der Macht wäre die Gesetzgebung. Von der sind sie ausgeschlossen. Sie haben keine andere Wahl, als Leute zu wählen, die nicht die Absicht haben, ihre Versprechen einzuhalten. Die größte Partei ist die der Nichtwähler. Diese aber gelten nicht als das, was sie sind: Nein-Stimmen. Ihr Verweigern wird geflissentlich überhört, sie haben keine Sanktionsmöglichkeit.

Obwohl drei Viertel der Wähler es fordern, sind bundesweite Volksentscheide bisher nicht vorgesehen. Doch selbst wenn dies eines Tages durchgesetzt wird, müssen Bürger, die ja **für eine Politik bürgen** sollen, mehr dürfen als Fragen beantworten. Mit welchem Recht verweigert die Politik dem angeblichen Souverän, seinen Bürgerrechten Gesetzeskraft zu geben? In einer von Politikverdrossenheit gekennzeichneten Zeit leisten sich Regierungen und Gerichte die obrigkeitsstaatliche Auffassung, eine von den Bürgern initiierte Veränderung der Verfassung sei nicht erwünscht. Das heißt, der Staat verzichtet dankend auf Bekundungen der Bevölkerung, in welchem Sinne sie regiert werden will. Sie sollen sich mit dem Parteienkarussell, in dem wechselnde Eliten um dieselbe Macht kämpfen, begnügen. Die Wähler dürfen Abgeordneten zu Karrieren und Diäten verhelfen, sollen sie dann aber nicht weiter belästigen.

Demokratie bedeutet Machtbeschränkung. Die Teilung der Gewalten von Legislative, Exekutive und Judikative soll Missbrauch verhindern. Doch die Parlamente haben Macht an die Regierung abgegeben, die Regierung hat Macht an die EU-Kommission abgegeben, diese hat Macht an die Weltbank und die Welthandelsorganisation abgegeben, alle haben Macht an die Profitwirtschaft abgegeben. Und der Wähler soll seine Stimme abgeben und sich dabei fühlen wie Hans im Glück. Er guckt in die Luft und fragt sich, welche Wahl er eigentlich hat, wenn niemand die verborgen herrschende Macht beschränkt, die des Kapitals?

Im Jahr 2000 erhob der damalige Vorstandssprecher der Deutschen Bank, Rolf Breuer, (nach den Medien als vierte) die Finanzwirtschaft zur fünften Gewalt. Sie sei eine wirkungsvollere Kontrollinstanz des Staates als die Wähler, da sie die berechtigten Interessen der in- und ausländischen Investoren besser gewährleisten könne. «Wenn die Politik im 21. Jahrhundert in diesem Sinne im Schlepptau der Finanzmärkte stünde, wäre dies vielleicht so schlecht nicht.» So schlecht nicht für die Aktionäre. Sieben Jahre später schleppten die Banken die sich selbst ans Tau gehängt habende Politik in die Krise – ganz schlecht.

«Der jetzige Staat zerfällt in zwei Staaten, den der Armen und den der Reichen, die sich mit unversöhnlichem Hass verfolgen.» Wer hat es so schonungslos auf den Punkt gebracht? Occupy oder die Piratenpartei? Ein Sprecher des arabischen Frühlings oder Attac auf einem der Weltsozialforen? Der als wichtigster Intellektuelle der Welt gehandelte Anarchist Noam Chomsky oder gar der Milliardär Warren Buffett? Der in seinem berühmten Interview in der *New York Times* von 2006 zugab: «Es herrscht Klassenkampf, richtig, aber es ist meine Klasse, die Klasse der Reichen, die Krieg führt, und wir gewinnen.»

Es war Platon, in seinem Dialog-Buch «Politeia», 370 vor Christus, der den Hass im Staat beklagte.

Und er war nicht einmal der Erste. Seit 2500 Jahren, seit der Verfassungsdebatte von Herodot, reiben sich die Menschen auf im Streit um die Frage, welche Herrschaftsform der Gerechtigkeit am nächsten kommt. Ist der Staat Zweck oder der Mensch in ihm? «Die sicherste Art, den Krieg der Armen gegen die Reichen zu verhindern wäre, sie an der Gesetzgebung teilnehmen zu lassen.» Was für den streitbaren Publizisten Ludwig Börne 1820 plausibel war, ist heute noch genauso einleuchtend. Aber das Plausible ist nicht das Praktizierte.

Zweifellos haben die technischen Revolutionen die Maßstäbe dafür, was Wohlstand, was Armut ist, in den Industrienationen verschoben. Und dennoch spitzen sich gerade hier die Missstände zu: Die USA haben ein Maß an Ungleichheit erreicht, das nur mit Afrika vergleichbar ist, sagt der Soziologe Colin Crouch (*SZ* vom 26.10.2012). Aus Spanien ist zu hören, dass auch dort inzwischen Menschen hungern. In Deutschland können sieben Millionen Beschäftigte von ihrer Vollzeit-Arbeit nicht leben. In Europa soll die Kluft zwischen Arm und Reich derzeit ähnlich groß sein wie vor der Französischen Revolution. Der beste Beweis dafür, dass all diese Betroffenen nicht den geringsten Anteil an der Gesetzgebung haben können. Man staunt über die Annahme, die Gedemütigten würden dies ewig so hinnehmen.

Weiter draußen in der Welt dulden, ja verschulden wir Satten den Einsatz der Massenvernichtungswaffe Hunger, der alle fünf Sekunden ein Kind zum Opfer fällt. Es ist ein Indiz unserer Verrohung, dass wir diese Hölle auf Erden hinnehmen, als sei sie unvermeidbar. Wo ist der Film, der uns diese Kinder im Sekundentakt vorführt? Von extremer Armut sind laut Weltbank 1,2 Milliarden (1 200 000 000) Menschen gezeichnet. Bei all dem Massentourismus ist es unausweichlich, über sie zu stolpern. Die indischen Bettelkinder hängen einem so verzweifelt am Rocksaum, dass man Sorge hat, sie reißen einem die Kleider vom Leib.

Doch weltweit werden die Millenniumsziele der UNO zur Bekämpfung der Armut unter Leitung der Industrienationen nicht nur verfehlt, sondern ins Gegenteil verkehrt. Gerade das, was alle verurteilen, geschieht seit Jahrhunderten immer aufs Neue. Die Kritik daran ist wirkungslos. Weil Kritik gegen **verrechtlichte Privilegien** nicht ankommt. Wenn Vernunft auf ein Interesse stößt, ist es immer wieder die Vernunft, die sich blamiert. Interessen an sich sind zwar nicht unvernünftig. Aber dominante Interessen von Minderheiten sind so schädlich wie alle Dominanz. Zu den dominanten Interessen gehört, den Menschen durch Brot und Spiele das Denken in Zusammenhängen abzugewöhnen. Wo ist die demokratische Plattform, auf der reicher Mann und armer Mann dastehen und sich ansehen können? Wo sagt der eine einsichtsbleich: «Wär ich nicht arm, wärst du nicht reich.»

Stattdessen werden Neiddebatten provoziert. Sie sollen genau diesen Gedankengang verhindern: Es geht vielen Leuten nur deshalb recht gut, weil es noch mehr Leute gibt, denen es recht schlecht geht. Ebendeshalb ist die Kommunikation zwischen oben und unten nicht zufällig gestört. Das Erleben von sozialem Abstieg, oder der Angst davor, gehört zum alltäglichen Unglück vieler Menschen, Massen inzwischen, ohne dass dieser Leidensdruck angemessen zur Kenntnis genommen wird. Die Jugendarbeitslosigkeit in Europa erreicht demnächst arabische Dimensionen. Wie sollen diese Heranwachsenden die Erfahrung sozialer Achtung machen oder auch nur sich selbst achten, wenn sie jeden Tag aufs Neue bestätigt bekommen, dass niemand sie braucht? Junge Leute, die nicht einmal dafür taugen, ausgebeutet zu werden!

An den Universitäten finden sich Kinder finanzkräftiger Eltern in der Mehrheit. Und unter den Managern in Spitzenpositionen sind Abkömmlinge des gehobenen Bürgertums ebenfalls deutlich überrepräsentiert. Den Abgedrängten bleiben Aggression und Krankheit als normale Reaktion, Scham und Demut, gar Schuldgefühle als kranke. Jene haben die zugesprochene Nichtigkeit verinnerlicht, über die wahren Ursachen ihrer Lage hat sie niemand aufgeklärt. Schon gar nicht all die privat finanzierten **Verblödungsprogramme** des Fernsehens, die durch Zerstreuung nicht entschädigen, sondern schädigen. Wer nie die Chance hatte, seine Würde zu spüren, ist so unterwürfig, wie nur Untertanen es sein können. Und sein müssen, um Gesetze wie Hartz IV, um Leiharbeit und rentenunwirksame Schwarzarbeit ohne Protest hinzunehmen. Um an die Unabänderlichkeit ihres Schicksals zu glauben. Das wirkmächtigste Verbot aller Systeme, auch des westlichen, ist das **Denkverbot**. O nein, ein ungeschriebenes Gesetz ist das nicht – es steht geschrieben in jeder Zeile, jedem O-Ton der Mainstream-Avantgarde: Denke systemimmanent, jedes andere Denken ist undenkbar. Es ist des Teufels, denn die Verführung zu eigenen Fragen endet bekanntlich mit der Vertreibung aus dem Paradies. Wer schweigt, der bleibt.

Und weil das so ist, bleibt die soziale Frage so alt wie ungelöst. Also stellt sie sich immer wieder aufs Neue. In Krisenschüben wird sie zu einer akuten Frage. Zurzeit ist sie im wahrsten Wortsinn brandaktuell. Es brennt im arabischen Raum, es brennt in Europa, es zündelt überall. Heute sind acht von zehn Deutschen davon überzeugt, dass die Kluft zwischen Arm und Reich die Demokratie gefährdet.

Diese Kluft steigert sich von einem deutschen Armuts- und Reichtumsbericht zum nächsten ins nicht mehr als steigerungsfähig Geglaubte. Die absolute Mehrheit der Menschen besitzt nur ein Prozent aller Vermögenswerte. Vor zehn Jahren, vor der Krise also, besaß sie wenigstens noch fast fünf Prozent. Schon damals räumte die Regierung zerknirscht ein, dass sie sich von der «Existenz von Armut, Unterversorgung und sozialer Ausgrenzung in einem wohlhabenden Land» herausgefordert fühle. Erlegen sind die Regierenden wechselnder Parteien allerdings einer ganz anderen Herausforderung: den einträglichen Offerten der großen Konzerne und Banken: Ihr bekommt Spenden, Privilegien und Posten gegen Gesetze, die uns nützlich sind.

Wie anders als durch **Gesetzesfreiräume** hätte sich das Privatvermögen in Deutschland in den letzten zehn kriselnden Jahren verdoppeln können – auf nunmehr zehn Billionen Euro. Würden sich die Inhaber diese Summe auszahlen lassen, ließe sich daraus, die Euroscheine aufeinandergeklebt, für deren Besitzer eine Treppe bis zum Mond bauen – und von dessen Rückseite wieder zurück. Auch das noch. Das One-Way-Ticket gilt nur für den Sturzflug ins Prekariat. Denn die Kluft zwischen Reich und Arm ist auch der Graben zwischen chancenreich und chancenlos. Sie ist die Schlucht zwischen gebildet und «bildungsfern», wie es heute politisch korrekt heißt.

«Wir sind das Volk» – das war die emanzipatorische Formel im Umbruchsjahr 1989, zufällig genau 200 Jahre nach der Erklärung der Menschenrechte durch die französische Nationalversammlung. Für einige Wochen hatten die vielen hunderttausend Aktiven erstmalig das Gefühl, Subjekt der Geschichte zu sein. Das Mandat der Politik war an die Runden Tische verlegt worden ... Die repräsentative Demokratie hat dieses Möbel, mitsamt den daraufgeschriebenen Erneuerungsvorhaben, so schnell wie unbesehen entsorgt. Ihr das zu untersagen lag jenseits aller Vorstellungskraft der Agierenden. Die parlamentarische Demokratie galt als das goldene Vlies, das heilsgleiche Unterpfand der angestrebten Freiheit. Fast ein Vierteljahrhundert später ist klar: Dass wir das Volk sind, war schwer zu bestreiten. Es ist uns gern zugebilligt worden. Wir waren volksam. Unser Eigentum haben wir widerstandslos preisgegeben. Entsprechend wenig haben wir zu sagen. Wir mischen uns kaum ein, wohl wissend: Unsere Abgeordneten sind nicht darauf angewiesen, uns zuzuhören. Sie lauschen angestrengt auf die vom Echolot im Parteiapparat aufgefangenen Schallsignale. Wer aus der Tiefe der Hierarchie Karriere machen will, war immer schon gut beraten, die Einflüsterungen zum Gehorsam nicht zu überhören.

Über die Pflicht zum Ungehorsam gegen den Staat für den Fall, dass eigenes Wissen und Gewissen gegen dessen Maßnahmen sprechen, hat Henry David Thoreau vor 160 Jahren trefflich, doch einsam, geschrieben. Er war der Erste, der einem Krieg und Sklaverei legitimierendem Staat Steuern verweigert hat. Viel später erst hat sein Leser Mahatma Gandhi der Theorie und Praxis des gewaltfreien Widerstandes zu weltweiter Nachahmung verholfen. Ziviler Ungehorsam war und ist wichtig, aber wie sich zeigt, nicht hinreichend. Wenn es hart auf hart kommt, ist er zu harmlos, erreicht nicht das Zentrum der Macht.

Zivile Übernahme heißt hingegen: Unvollkommene Demokratien beginnen, vollkommene Demokraten auszuwerfen. Diese sind unduldsamer, selbstbewusster, informierter, fordernder, unversöhnlicher als früher. Sie verlangen nicht mehr und nicht weniger, als ihre Verfassungen ihnen zubilligen – echte Teilhabe an der Macht. Sie verlangen die freiheitlich demokratische Grundordnung, die ihr Staat ihnen nicht mehr garantiert.

Ausgegangen ist alle Macht vom Volk und nie zurückgekehrt. Auch bei den Abgeordneten hat sie nur einen Zwischenstopp gemacht, 80 Prozent von ihnen fühlen sich inzwischen selbst ohnmächtig. Die **parlamentarische Macht hat Ausgang.** Nicht selten werden Gesetze in privaten Anwaltskanzleien entworfen, deren Großkunden gleichzeitig Banken sind. Die lassen dann praktischerweise durchblicken, welche Gesetze genehm wären. Und falls sie dennoch nicht ganz genehm ausfallen, ist die Beratung inklusive, wie diese Großkunden die Gesetze umgehen können. Die Banken finanzieren die Schulden des Staates, deren Höhe ein Maß für Abhängigkeit ist. Zwei Billionen Euro – darf's noch etwas mehr an Hörigkeit sein? Der Staat ist fremdbestimmt.

Hegel unterstellte: «Der Geist eines Volkes spricht sich im Staat aus.» Haben wir den Staat, den wir verdienen? Wenn ja, ist uns nicht zu helfen. Wenn nicht, wird es Zeit, die Sache in die Hand zu nehmen. Die Kampfansage gilt der allgegenwärtigen Oligarchie, also der Herrschaft von wenigen, die ihr enormes Vermögen legal in demokratisch nicht legitimierte Macht umwandeln können. Sie gilt dem Staat, der seine Herrschaft gerade dadurch ausübt, dass er sie aus der Hand gibt und sich vom Profitdenken der Privatwirtschaft instrumentalisieren lässt. Sie gilt dem politischen System, das mangels eigener Durchsetzungskraft, mangels eigener Wirksamkeit, letztlich mangels eigener Existenz, auch den Kapitalismus in die Nichtexistenz führen wird. Nicht der Kapitalismus ist am Ende, sondern die repräsentative Demokratie, die sich einmal mehr als unfähig erweist, die kreativen Potenzen dieses Wirtschaftssystems zu erhalten, indem sie seine zerstörerischen Potenziale unterdrückt.

Die Aufgabe scheint gewaltig und besteht doch nur darin, die Verfassung mit Leben zu erfüllen – alle Staatsgewalt hat vom Volke auszugehen. Das heißt, der Staat soll ein **Herrschaftsinstrument des Volkes** sein. Wie anders wäre dies zu bewältigen: Die Bürger müssen ihren Staat in Besitz nehmen. Auch, um die Demokratie auf die Wirtschaft auszudehnen. Wenn es zum europäischen oder sonst einem Frühling kommt, dann sollten die progressiven Gruppen nicht im Winterschlaf verharren. Was für ein Knospenknallen, sollten sie organisatorisch und programmatisch besser vorbereitet sein als die neoliberalen oder nationalen Fundamentalisten. Die linkeren Bürger, mit ihrer zwanghaften Lust an der kleinsten Differenz, sollten nicht so zerstritten sein, dass sie sich nicht, wie jetzt im arabischen Herbst, auf ein Programm, auf die dazu passenden Kandidaten, einigen können.

Ich erhebe nicht den Anspruch zu wissen, was richtig ist. Ich habe Informationen eingeholt, Erfahrungen zugelassen, Zweifel verinnerlicht und aus all dem weitgehend tabuisierte Schlüsse gezogen. Ich mache Vorschläge. Ich habe also viel Mühe gehabt, meinen nächsten Irrtum vorzubereiten … Wenn es gelänge, den Zweifel zu säen, hier und da aufgehen zu lassen, damit den unumkehrbar scheinenden Trott zu stören, wäre schon ein wenig gewonnen.

In ihrem Werbeslogan hat eine Drogeriekette, vermutlich unfreiwillig, den hohlen Sinn des Daseins im Kapitalismus zynisch auf den Punkt gebracht: *Hier bin ich Mensch, hier kauf ich ein.* Wir Bürger sollen unsere Freiheit gefälligst als Konsumenten ausleben. Das funktioniert ja leider auch recht gut. Eine faustische Steigerung wäre das nicht risikolose, aber dafür ehrenhaftere: *Hier bin ich Mensch, hier greif ich ein.*

Dem wäre entgegenzuhalten, dass alles Elend der Welt durch Eingreifen gekommen ist. Ja, ließe sich widersprechen, alles fortschreitende Elend und aller elende Fortschritt.

2. WER HERRSCHT?

Vom Phantom der Volkssouveränität

Macht kann nicht sein, wo keine Ohnmacht ist.

Erich Mühsam

Die Gerechtigkeit bringt reine Ordnung, aber man möchte uns gar zu gern jede dumme Ordnung für Gerechtigkeit verkaufen.

Johann Gottfried Seume

Niemand liebt den Staat. Mit Ausnahme der Staatsbeamten. Vielleicht nicht mal sie. Wozu also überhaupt Staat? Immer wieder erblühten Utopien, ja Programme, die ihn abschaffen wollten oder sein Absterben voraussagten – wenn es eines Tages harmonische Gemeinschaften gäbe. Doch es ist dabei geblieben, dass die Anschauungen und Interessen der Menschen verschieden sind, oft gegensätzlich. Ohne Recht würden sich immer die Stärkeren durchsetzen. Deshalb bestreitet wohl niemand, dass Gerechtigkeit nur über Gesetze herzustellen ist. Und dass dafür eine Instanz erforderlich ist, die sie erlässt und durchsetzt. Die Praxis hat Kant nicht widerlegt: Recht fordert den Staat als Institution seiner Gewährleistung. Die Idee war, dass der Staat als **Herrschaftsordnung** eben deshalb erträglich wird, weil er zugleich **Freiheitsordnung** ist. Eine Freiheit, in der die mögliche Selbstbestimmung gerade aus der Akzeptanz der rechtlichen Begrenzung erwächst.

Doch der Staat als Friedensstifter ist auch eine schöne Utopie geblieben. Immer neigen die Funktionäre und Diener des Staatsapparates dazu, die Souveränität an sich zu reißen und mit dieser Machtfülle die Reichen und Einflussreichen nicht ohne Eigennutz zu bevorzugen. Adressat der Freiheit ist dann nicht der einzelne Bürger, sondern das einzelne System der Herrschaft. Eine so verstandene Freiheit ist Freiheit zur Unterdrückung. Kein Staat ist vor solcher Tendenz gefeit. Hegels Ideal vom sittlichen Staat scheitert immer wieder an der unkontrollierten Machtfülle einer Minderheit, für die Sittlichkeit nur um den Preis der Einbuße ihrer Privilegien zu erlangen wäre. Ihre Privilegien aber sind das Ende von Freiheit und Gerechtigkeit. Sittlich ist ein Staat nur, wenn tatsächlich alle Macht vom Volke ausgeht. Wenn die Bürger spürbar an der politischen Willensbildung und an staatlichen Entscheidungen teilhaben und mit ihren Abgeordneten in einem ständigen Austausch stehen, der sich in der Politik auch niederschlägt.

Wenn die normative Ordnungsidee des Staates die Gesetzestreue sein soll, dann müssen diese Gesetze eine hohe Akzeptanz haben. Die *Teilnahme der Bürger* an der gesetzgebenden Gewalt gilt im Staatsrecht als unverzichtbares Merkmal des Gesetzes. Inzwischen hat man aber den Eindruck, dass selbst die *Teilnahme der Abgeordneten* an der gesetzgebenden Gewalt zum verzichtbaren Merkmal geworden ist. Falls sie überhaupt zur Abstimmung anwesend sind, überblicken die meisten den Sachverhalt nicht und sind auf die Einflüsterung von

Lobby-Gruppen angewiesen. Wenn, wie Forsa ermittelt hat, über 80 Prozent der Wähler der Meinung sind, die Parlamentarier seien mit den Maßnahmen gegen die Krise und vielem anderen überfordert, woher sollen dann Vertrauen und Loyalität zum Staat kommen? Wenn in der Massendemokratie die paar Volksvertreter als Repräsentanten des ganzen Volkes nicht mehr anerkannt werden, ist dann nicht etwas faul im Selbstverständnis des Staates?

Um das Wesen des Staates besser zu verstehen, müssen wir wenigstens kurz den Scheinwerfer der Geschichte auf ihn richten. Es gibt amüsantere Themen, aber am Rand des Weges entschädigen überraschende Funde mit eigenem Unterhaltungswert. Jean-Jacques Rousseau mahnte einmal zu Beginn des Dritten Buches seines «Gesellschaftsvertrages»: «Ich mache den Leser darauf aufmerksam, dass dies Kapitel bedächtig zu lesen ist. Ich besitze nicht die Kunst, für jemand klar zu sein, der nicht aufmerksam sein will.» Falls einige bislang geneigte Leser also keine Aufmerksamkeit für den kuriosen **Grundpfeiler des Staatsrechts** aufzubringen gedenken, rücken sie, unter eigenverantwortetem Verzicht auf historische Zusammenhänge, gleich auf Seite 32 vor.

Das Staatsrecht ist im Laufe der Jahrhunderte immer wieder modifiziert worden und steht in manchen Anschauungen doch auch erstaunlich still. Ein solches Relikt ist nach Ansicht einiger Juristen die **Doktrin vom Staat als juristische Person**. Sie wurde 1837 formuliert, von

Wilhelm Eduard Albrecht, einem der Göttinger Sieben. Gegen Ende des 19. Jahrhunderts war sie zur zentralen Prämisse deutscher und später auch internationaler Staatsrechtslehre geworden. Bis heute staunen und spotten Juristen darüber, wie es deutschen Professoren ohne alle Beihilfe gelungen ist, den Staat zu einer Rechtsfiktion zu machen. Denn das ist eine juristische Person – sie ist rechts-, aber nicht handlungsfähig. Weshalb sie Organe braucht und für diese handelnde, natürliche Personen. Diese natürlichen oder eben normalen Menschen verfügen, juristisch völlig unabhängig, über das Staatsvermögen – das Vermögen einer nicht handlungsfähigen Fiktion, unfähig auch zum Widerspruch. Das macht die Staatsdiener ziemlich mächtig. Zumal die machtbegrenzenden Gesetze praktischerweise von einem ihrer Organe kommen, von der Legislative.

Volkssouveränität bedeutete ursprünglich, so der Rechtshistoriker Uwe Wesel (Fast alles, was Recht ist, S. 58), «dass der Monarch diese höchste Gewalt nicht als Gnade von Gott, sondern als Auftrag vom Volk erhalten habe, durch einen Herrschaftsvertrag, der einst zwischen beiden geschlossen worden sein soll». **Volkssouveränität war von Anfang an eine staatserhaltende Fiktion**. Im Vormärz war es aber durchaus ein Fortschritt, den Monarchen an die Bestimmungen einer Verfassung zu binden, also die juristische Abstraktion des Staates von der Person des Fürsten zu trennen. Mit seiner Zauberformel gelang es Albrecht, dem Monarchen die Souveränität zu entziehen, ohne sie dem Volk zu geben, und stattdessen den Staat, als beide integrierendes, abstraktes Wesen, quasi zum Souverän zu machen. So konnte vorerst der juristische Machtkampf zwischen Herrschern und Untertanen durch eine Lehre neutralisiert werden, die die Rückkehr zur absolutistischen Fürstensouveränität genauso verhinderte wie den revolutionären Übergang zur Volksherrschaft.

Denn das ist der Preis – der Staat als juristische Person entzieht dem Ideal der Volkssouveränität die gesetzliche Basis. Der Staat als Persönlichkeit soll dem Allgemeinwohl verpflichtet sein, löst aber nicht die Frage nach der Kontrolle dieser Persönlichkeit und der Entscheidungshoheit über die allgemeinen Interessen.

Die damalige Praxis ist bis heute vertraut – denn letztlich behielten die Herrscher ihre Souveränität weitgehend dadurch, dass die fürstlichen Rechte in Rechte des Staates verwandelt wurden. Die Privilegien wurden verrechtlicht und waren so noch weniger angreifbar. Insofern blieb diese Lehre in vielerlei Hinsicht der Monarchie verhaftet.

Nach der gescheiterten Revolution beraubte der einflussreiche Rechtswissenschaftler Carl Friedrich Gerber, in seiner 1865 erschienenen Schrift «Grundzüge eines Systems des deutschen Staatsrechts», Albrechts Lehre ihrer liberalen Ansätze. Nun wurde das Volk zum «Gegenstand der Staatsherrschaft». Die Souveränität setzte er gleich mit «der Willensmacht der zentralen Staatsperson», ohne dass klar umschrieben war, was diese Person wollen darf und kann. Damit bestand die Gefahr, die Bürger auf bloße Objekte staatlicher Herrschaft zu reduzieren. Ihre Teilhabe an der Willensbildung war verzichtbar. So hinterlässt die Erhöhung des Staates zu einer Rechtsperson bis in die heutige politische Praxis hinein Spuren des 19. Jahrhunderts, während es darum geht, die Staatsrechtslehre den fortschreitenden Herausforderungen einer Demokratie anzupassen.

Dem ließe sich entgegenhalten, dass eine Lehre doch nur versuchtes Abbild der Praxis ist, und wenn sie untauglich ist, dann würde *sie* scheitern und nicht die Praxis. Aber Vorsicht – der Neoliberalismus ist auch nur eine Lehre und hat doch, tsunamigleich, Verheerungen angerichtet. Und ist trotz allem immer noch nicht gescheitert, weil er eine globale Elite bereichert, die eine Umkehr zu verhindern weiß.

Das **Staatsrecht spiegelt und schafft Realität**. Indem dem Staat eine eigene Persönlichkeit zuerkannt wird, wird sie dem Volk aberkannt. Dahinter stecken Interessen. So konnte sich das Denkmodell der juristischen Persönlichkeit des Staates selbst nach der Novemberrevolution und der Abdankung der Monarchie in die Weimarer Demokratie hineinretten, auch wenn es durch Einschränkungen relativiert wurde. Am klarsten kritisierte einer der wenigen Verteidiger dieser Demokratie, der Rechtswissenschaftler Hermann Heller, Ende der 20er Jahre die Vorstellung, der Staat könne eine öffentlich-rechtliche Körperschaft sein. In seiner Staatslehre befand er es als «unmöglich und überflüssig», den Staat als selbständiges, von den Menschen losgelöstes Wesen und Rechtssubjekt zu behandeln. Der Staat sei immer ein von bestimmten Mächten beherrschter Willensverband, der niemals als höherer Dritter «über den sozialen Wassern» schwebe. In dem exekutivischen Staatsdenken sah er ein demokratiefeindliches Moment der Weimarer Gesellschaft. Das bestätigte sich in der *Notverordnung zum Schutze von Volk und Staat*, die im Februar 1933 schließlich die wichtigsten Grundrechte außer Kraft setzte und in den totalen NS-Staat führte. Recht wurde durch Macht ersetzt, der Staat zum Apparat dieser Macht degradiert. Durch die Nazizeit wurden die Denkansätze des jüdischen Gelehrten Hermann Heller bis auf weiteres abgebrochen.

Das «Rechtslexikon der DDR» titulierte nur die den Staat vertretenden Organe als juristische Personen, nicht den Staat als Ganzes. In der Praxis dürfte dies keinen Unterschied machen. Rückblickend wird gern von **Staatssozialismus** gesprochen, was ich für falsch halte. Der Staat war nicht das oberste Machtorgan. Der Monarch war die Partei. Die sich mit dem Anspruch auf die «führende Rolle» auch dazu bekannte. Ein Monarch aus über zwei Millionen Mitgliedern ist allerdings ein schwieriges Konstrukt. Die Basis der SED hatte wenig zu sagen. Die Führung lag auch nicht im Zentralkomitee, nicht mal im Politbüro, wie erstmalig nach dessen Abdanken Anfang der 90er Jahre veröffentlichte Protokolle belegen. Die Linie gaben zwei, drei Leute vor, im Zweifelsfalle nur der Generalsekretär – der Monarch eben. Die DDR-Bürokratie leistete sich zwei Apparate, die teils parallel, meist aber über- und untergeordnet ans Werk gingen – Partei- und

Staatsapparat. Rudolf Bahro (Die Alternative, S. 286) befand: «In Wirklichkeit ist es gerade die gegebene Existenzform der *Partei* (nicht so sehr des Staates), die die Staatsvergottung notwendig macht. Denn technologisch gesprochen ist der Parteiapparat nicht nur der Motor, sondern auch der Steuermann der sozialen Entwicklung, die Staatsmaschine ist bloß das Werkzeug.» Um diese Degradierung zu vertuschen, erfand der real sozialistische Staat allerlei bedeutungsvolle Aufgaben, von Staatsempfängen bis zu Schriften, in denen immer wieder von Staatseigentum die Rede war.

Dabei war **Staatseigentum** in der DDR-Verfassung nicht vorgesehen. Auf jedem Produkt stand VEB – Volkseigener Betrieb. Es gab kein staatliches Eigentum, das nicht Volkseigentum gewesen wäre. Der Staat hatte schon durch seinen sozialen Auftrag nicht alle Vollmachten, die ein Eigentümer normalerweise hat. Er durfte volkseigene Betriebe, Immobilien und volkseigenen Grund und Boden nicht verkaufen, also nicht privatisieren, auch nicht beleihen. In diesem Sinne war der Staat keine autonome, juristische Person.

Aber was **Volkseigentum** war, wurde weder klar definiert, noch klar praktiziert. Zwar ist mir keine einzige Schrift eines Ostblock-Dissidenten erinnerlich, der die Probleme dieser Länder auf die Existenz von Volkseigentum als solchem zurückführte. Dessen Bestehen galt selbst unter den kritischen Intellektuellen als unbestrittener Fortschritt auf dem Weg zu einer Gesellschaft der Gleichen und Freien. Heftig angegriffen wurde dagegen das Fehlen von erhoffter Partizipation aller Werktätigen an einer dann tatsächlich vergesellschafteten Produktion, weshalb im Alltag kein Eigentümerverhalten entstand.

Diese hochberechtigte Kritik hat zugleich etwas Wohlfeiles. Wenn die einstigen Generaldirektoren heute sagen, sie hätten einen kollektiven Führungsstil gehabt und wüssten nicht, wie sie unter den Bedingungen von Wirtschaftsembargo, Handelskrieg und Spionage, Mangelwirtschaft und Devisenknappheit mehr Transparenz und Mitbestimmung hätten verwirklichen sollen, so ist mir wohl der Experte entgangen, der ihnen das nachträglich hätte klar beantworten können. Wie auch immer – es gab nicht das Bewusstsein von etwas, was de Jure existierte. Das heißt, es fehlte das Bewusstsein, dass im Rechtsstaat gerade nur das existiert, was de Jure existiert.

Vielleicht stimmt der Eindruck auch gar nicht – Erhebungen zu dieser als selbstverständlich unterstellten «Errungenschaft Volkseigentum» gab es in der DDR ja nicht. Wie aber das Institut für sozialwissenschaftliche Forschung unmittelbar vor den Volkskammerwahlen im März 1990 ermittelte, waren im Angesicht der auf der Matte stehenden Privatwirtschaft 68 Prozent der DDR-Bürger für die Erhaltung des Volkseigentums. Und Bündnis 90, der Zusammenschluss aller Bürgerrechtsgruppen, verlangte gar einen Volksentscheid über die Bewahrung dieses Eigentums. Ein Wille, der den Bürgern mit dem Einigungsvertrag gründlich ausgetrieben wurde und so der ursprünglichen Volkserhebung eine andere Himmelsrichtung gab. Bis auf einige Intellektuelle, Bürgerrechtler,

Ökonomen, Verfassungsrechtler, hungerstreikende Kalikumpel und demonstrierende helle Haufen haben die Wendemüden ihr mehrheitlich durchaus geschätztes Volkseigentum nicht verteidigt. Volker Braun zu dem durchsichtigen Geschäft: «Das Volk gab sein Eigentum ab und ließ sich die Freiheit aushändigen.»

In der Bundesrepublik beansprucht der Staat durch seine Personifizierung ein Eigentum, das wenig hinterfragt wird. Der spätere Richter am Bundesverfassungsgericht, Ernst-Wolfgang Böckenförde, erklärte 1973 (in der Festschrift für Hans-Julius Wolff) die Lehre vom Staat als juristische Person für verfehlt. Sie verkenne die Stellung des Volkes in einer modernen Demokratie: «Das Volk als *Träger* der Staatsgewalt, als Herr und Ausgangspunkt der staatlichen Organisation, kommt im Rahmen der Juristischen Person Staat nicht vor. Sie steht in sich und beansprucht auch für sich die Souveränität.» (S. 290)

Lieber würde Böckenförde das Volk als fortdauernd einwirkenden **Anstaltsherrn** sehen, der den Staat zu seiner demokratischen «Veranstaltung» macht, um das Gemeinwohl zu heben. Einen derart zeitgemäßen Begriff vom Staat zu kreieren galt deren Kritikern vor vierzig Jahren als die dringendste Aufgabe, die der Lehre gestellt ist.

Geschehen ist nichts dergleichen. Vielleicht ist das Thema zu brisant. Oder fehlt es an staatlicher Förderung? Die Personifizierung des Staates wird weiter unreflektiert übernommen, sie beeinflusst Rechtsphilosophie und Rechtsprechung, ohne dass sich wenigstens ein Problembewusstsein in diesem zentralen Punkt entwickelt hätte. Aber wie will man Schwierigkeiten praktisch in den Griff bekommen, die man schon theoretisch nicht bewältigt?

Der Jurist Henning Uhlenbrock hat im Jahr 2000 in seiner Dissertation «Der Staat als juristische Person» den Faden, soweit ich sehe als Einziger, wieder aufgenommen. Die umstrittene Lehre sei mit tragenden Prinzipien des Grundgesetzes unvereinbar, was nicht ohne praktische Konsequenzen bleibe. Das Bekenntnis zur Volkssouveränität (Grundgesetz Artikel 20) stehe im Widerspruch zu dem anhaltenden Dualismus von staatlicher Obrigkeit und bürgerlicher Gesellschaft. Die juristische Verselbständigung des Staates lässt das Volk, auch in seiner Eigenschaft als Eigentümer, zu einem sekundären Willensorgan der Staatsperson herabsinken, wo es doch Ursprung aller staatlichen Gewalt sein sollte. Umgekehrt müsse nach Maßgabe der Verfassung der «**Staat eine Selbstorganisation des Volkes**» sein. Was ist diese Forderung anderes als das entschlossene Bekenntnis: Wir sind der Staat?

Dem wird gemeinhin entgegengehalten, ohne die Rechtsfähigkeit des Staates gebe es niemanden, der für unrechtmäßige Maßnahmen von Behörden hafte (kein «vermögensfähiges Haftungssubjekt»). Aber der Staat kann nur mit Geld aus dem Staatshaushalt haften, also mit dem Geld der Bürger. Marx spricht vom «Volkssäckel». Das ist ja der Aberwitz – der Staat haftet mit einem Vermögen, das ihm als Rechtsfiktion eigentlich nicht gehört. Der Staatshaushalt sollte dem Volk gehören. Der Staat darf sich nicht über das Volk erheben. Das Staatseigentum nicht über das Volkseigentum. Letztlich haftet sowieso der Steuerzahler. So gesehen sind Entschädigungszahlungen kein unlösbares Problem. Dass die vermögensrechtlichen Entscheidungen des Staates aber vom Schöpfer des Vermögens nicht zu hinterfragen sind, ist eben der alte Zopf.

Außerdem wird eingewendet: Wenn der Staat keine juristische Person wäre, könnte er nicht Handelnder in völkerrechtlichen Angelegenheiten sein. Abgesehen davon, dass er in vielen Bereichen durch ein Mandat legitimiert werden könnte, so wäre der **Entzug der außenpolitischen Generalvollmacht** an Parlament und Regierung doch ein überfälliger Akt. Gerade in der lebenswichtigen Frage von Krieg und Frieden nimmt die jeweilige Regierungskoalition auf die sehr wohl bekannte Meinung der Bevölkerung nicht die geringste Rücksicht. Die Regierung lässt fast jede Waffe in jedes Krisengebiet der Welt verkaufen, und da ihr Rüstungsexportbericht erst ein Jahr nach Lieferung erscheint, haben nicht einmal die Abgeordneten die Chance, rechtzeitig zu widersprechen. Wie sollen die Völker untereinander solidarisch sein, wenn nationalstaatliche Egoismen dem ständig entgegenstehen? Allein die staatlich subventionierten westlichen Agrarprodukte richten in Afrika einen Schaden an, der die Summe der Entwicklungshilfe um ein Mehrfaches übersteigt.

Des Pudels Kern ist vielmehr: In der von Uhlenbrock kritisierten Persönlichkeitslehre liegt ein Souveränitätsanspruch, der zur Grundaussage der Verfassung, wonach alle Staatsgewalt vom Volke ausgeht, im Widerspruch steht. Denn hinter der juristischen Konstruktion verbirgt sich nur schlecht eine Denkform: Juristische Personen pflegen keinen «Herren» oder gar Souverän zu haben.

Die Verteidiger der Lehre vom Staat als juristische Person, und das sind 99,9 Prozent der Staatsrechtler, können nicht ernsthaft an die Souveränität des Volkes glauben. Einige sagen offen, es handele sich um eine Fiktion, an die zu glauben den Staat zusammenhält. Ihr Souveränitätsbegriff ist absolut, unteilbar – was nicht ohne Plausibilität ist. Einem Souverän kann niemand dazwischenfunken, er entscheidet allein und ist unkontrollierbar. Gott ist souverän und die sich auf ihn berufenden Monarchen. Volkstümlich gesagt, ist es mit der Souveränität wie mit der Schwangerschaft – frau ist es oder ist es nicht. Ein bisschen geht nicht. Souverän ist man, oder man ist es nicht.

Nach den Erfahrungen des Machtmissbrauchs und der Willkür im Absolutismus überall in der Welt gehört daher spätestens seit den philosophischen Staatstheoretikern John Locke und Montesquieu die Gewaltenteilung zwischen Legislative, Exekutive und Judikative zu den unverzichtbaren Gütesiegeln einer demokratischen Republik. Befeuert durch die Revolutionen in Amerika und Frankreich, setzte sich in den fortgeschrittenen Ländern dieser Anspruch mehr oder weniger deutlich durch. Die Regierung empfängt nach Rousseau vom Volk die Befehle, die sie in praktikabler Form an es zurückgibt. Er spricht von «der Macht der Staatsbürger, die einerseits souverän und andererseits Untertanen sind» (Contrat social, III Abs. 8). Untertanen ihrer selbst. Mit diesem dualistischen Souveränitätsbegriff ließ sich vorerst leben.

Doch die Souveränität des Volkes blieb über die Jahrhunderte umstritten, auch in der Weimarer Verfassung kam sie nicht vor. Nach den Erfahrungen des Abgleitens dieser Republik in eine verbrecherische, totalitäre Diktatur waren die Verfasser des Grundgesetzes noch vorsichtiger. Sie hatten Grund, dem Volk zu misstrauen, der Begriff Souveränität kommt nicht nur nicht vor, die Einmischungsmöglichkeiten des Volkes wurden auf ein Minimum beschränkt. So bekam die Exekutive von Anfang an ein Übergewicht. Wenn aber eine Seite die Oberhand gewinnt, ist die Gewalt der anderen nicht geteilt, sondern getilgt.

Die verfassung- und gesetzgebende Gewalt des Volkes soll im Wesentlichen über ihre Repräsentanten, die Abgeordneten, funktionieren. Direkte Volksgesetzgebung, Verfassungsreferendum und andere direkte Einwirkungsmöglichkeiten der Aktivbürgerschaft sind nicht vorgesehen und werden nicht praktiziert. Darüber gibt es einen wachsenden Unmut. Die Begrenzung der Mitbestimmung auf die alle vier Jahre stattfindenden Wahlen, bei denen man auch nur bestätigen darf, was im kleinsten Kreis von Parteifunktionären vorausgewählt wurde, wird von vielen nicht mehr als zeitgemäße Demokratie akzeptiert.

Doch die neuzeitliche Rechtswissenschaft hält dagegen: Wenn die Gewalt zu Recht verteilt ist, auf Wähler,

Parlament, Regierung, Gerichte, dann kann keiner davon der Souverän sein. Eine nicht leichtfertig vom Tisch zu wischende Logik. Was sie nicht bemängelt: Da bleibt für das Volk zu wenig übrig. Gewaltenteilung wurde zum höheren Rechtsgut der Demokratie, für Souveränität dagegen erdachte man nicht ohne geistreichen Witz allerlei zugespitzte Definitionen, die ihre Fragwürdigkeit belegen.

Für den Völkerrechtler Carl Schmitt ist Souveränität die Kraft, die über den Ausnahmezustand entscheidet. Die also entweder das Recht hat, Normen zeitweilig für ungültig zu erklären, oder die Macht, sich über das Recht hinwegzusetzen. Etwa mittels Kriminalität, Staatsstreich oder Revolution. Souverän ist danach, wer aus dem Verfassungsstaat ausbricht.

Nicht weit davon entfernt ist der Verfassungsrechtler Martin Kriele, der seine Aversion gegen Souveränität so begründet: «Die Wurzel der gewissen Labilität, die der demokratische Rechtsstaat der Bundesrepublik noch hat, ist das traditionelle Unverständnis für das A und O des Rechtsstaates, nämlich für die Tatsache, dass es im Verfassungsstaat überhaupt keinen Souverän geben kann ... Mit anderen Worten: die Souveränitätsidee ist **revolutionärer Sprengstoff** gegen den Verfassungsstaat.» (Festschrift für Hans Julius Wolff, 1973, S. 93)

Die linke Gefährdung des Verfassungsstaates besteht nach Kriele in der Idee der Volkssouveränität, die rechte in der Idee der Staatssouveränität. «Man erschüttert die Legitimität des Verfassungsstaates, indem man ihm das

Ideal der Volkssouveränität unterlegt und die Tendenz verfolgt, den Verfassungsstaat nach diesem Modell zu ‹korrigieren›, d.h. in Wirklichkeit: zu zerstören.» (S. 99) Danach wäre das Grundgesetz mit seinem Volkssouveränität umschreibenden Artikel 20 / 2 eine linke Flause, die den Verfassungsstaat gefährdet? Bis zum Volk ist kaum durchgedrungen, dass sich die herrschende Verfassungstheorie zur Unmöglichkeit von Volkssouveränität bekennt. Die Sonntagspredigten, in denen Demokratie noch als Volksherrschaft vorkommt oder als die im Grundgesetz vorgesehene Staatsgewalt, die vom Volke ausgeht, sind Opium fürs Volk.

Auch ich bin unbedingt für Gewaltenteilung. Muss ich daher auf das Ideal von Volkssouveränität verzichten? Gibt es eine Möglichkeit, die **Quadratur des Kreises** zu durchbrechen? Sehen wir uns diese Gewalten genauer an. Sollte es stimmen, dass diese die Herrschaft und Kontrolle gleichberechtigt unter sich aufteilen, müssten wir in einem herrschaftsfreien Raum leben. Das ist aber offensichtlich nicht der Fall. Spieglein, Spieglein an der Wand – wer ist der Stärkste im ganzen Land? Gesetzgeber, Regierung, Justiz, Medien oder die Finanzwirtschaft? Der öffentliche Diskurs seit der Krise lässt keinen Zweifel an der Antwort: die Finanzwirtschaft. Doch dieser Befund ist verräterisch, denn er beschreibt eben eine Oligarchie, nicht eine Demokratie.

Offenbar sind die Gewalten nicht gleichwertig, die einen machen den Plan, die anderen führen ihn aus, sind also nachgeordnet. Der Gesetzgeber macht die Spielregeln, die Regierung macht das Spiel, die Justiz setzt durch, dass dabei die Regeln eingehalten werden, die Medien diskutieren, ob es die richtigen Regeln sind, und dann ziehen die Banken den Joker und kaufen das ganze Casino. Wenn das das Ergebnis von Gewaltenteilung ist, dann ist der Wunsch nach einem Souverän berechtigt. Oder die Gewaltenteilung existiert gar nicht und muss erst durchgesetzt werden. Was wiederum nur ein Souverän kann. Indem jeder Gewalt eine eigene, souveräne Kompetenz zugesprochen wird. Innerhalb dieser genau eingegrenzten Kompetenz muss sie vollkommen unabhängig handeln können, weder erpressbar noch käuflich sein.

Gerade um das zu erreichen, bedarf es einer Gewalt, die die Voraussetzungen dafür schafft – die die normativen Grundlagen legt, die allen anderen Gewalten vorausgehen und deren Rechte und Pflichten fest umreißt. Um ihnen diese Macht dann auch ganz zu überlassen. Und diese **wichtigste aller Gewalten ist die Gesetzgebung**. Das ist die andere Auffassung von Souveränität, die nicht die Allmacht eines Monarchen über das Regieren, die Rechtsprechung, die Zensur und das Wirtschaften beansprucht, sondern sich mit der Gesetzgebung begnügt. Souveränität ist «die Macht, Gesetze zu geben», heißt es in Proudhons Erster Denkschrift. Und: «Das Gesetz definiert man als den Ausdruck des Willens des Souveräns.»

Die Mächtigen haben dem Volk immer wieder eingeredet, es sei dieser Souverän – gewesen ist es das noch nie. Die Metapher vom mündigen Volk wird in der politischen Praxis verkehrt in den **vormundschaftlichen Staat**. Was zu Politikverdrossenheit, Passivität oder Wut auf der einen und Machtanmaßung, aber auch Überforderung auf der anderen Seite führt. Wenn das Grundgesetz davon spricht, dass das Volk seine Gewalt «durch besondere Organe der Gesetzgebung» vollzieht, so schließt es damit keineswegs aus, dass die Besonderheit des Organs auch darin liegen kann, nicht das Parlament zu sein. Darüber wird im Weiteren nachzudenken sein.

Um bei Rousseau anzuschließen: Souverän ist, wer die innere Freiheit hat, sich seinen *eigenen* Gesetzen zu beugen. Mit anderen Worten: Souverän ist, wer nur die Gesetze anerkennen muss, die er selbst erlassen hat. Mit den Worten von Ingeborg Maus aus dem Jahr 2011 (Über Volkssouveränität, S. 43): Souveränität kommt ausschließlich denen zu, «die von Entscheidungen selbst betroffen sind – und nicht etwa den Amtswaltern und Funktionären». Die vielbeschworene und nie erreichte verfassung- und gesetzgebende Kraft des Volkes – das ist die *teilsouveräne Gewalt*, die zu erobern nunmehr unwiderruflich ansteht. Wenn also im Weiteren von Souveränität die Rede ist, dann in diesem Sinne.

Bedingung für eine so verstandene Souveränität ist eine funktionierende Gewaltenteilung. Im auch in der Bundesrepublik angewandten Modell der repräsentativen Demokratie funktioniert sie eher nicht: Da die stärkste Partei des Parlaments auch die Regierung wählt, bestimmt eine Partei oder Koalition sowohl die Politik des

Parlaments als auch die der Regierung – wodurch zwischen beiden die **Gewaltenteilung zur Formsache** wird.

Kritik an der Art, wie die Gewaltenteilung umgesetzt wurde, gab es von Anfang an. Das ist kein Symptom, das erst mit Globalisierung und EU-Erweiterung auftrat. Schon der Juristentag von 1953 hatte die Unabhängigkeit der Justiz von der Exekutive angemahnt: «Gesetzgeberische Maßnahmen, um die Unabhängigkeit des erkennenden Richters sowohl durch die Art seiner Auswahl und Beförderung als auch durch seine Stellung gegenüber der Verwaltung institutionell zu sichern, sind notwendig zur Durchführung des Grundgesetzes.»

Die Staatsanwaltschaften und die Verwaltung der Gerichte unterstehen dem Justizminister, er ist zuständig für die Einstellung der Landes-Richter. Das führt zu vielfältiger Abhängigkeit, von der Berufung über die Beförderung bis zu den Haushaltsmitteln. Wer kontrolliert die Regierung, wenn diese sich ihre Kontrolleure selbst aussucht und gefügig hält?

Dass der Generalbundesanwalt als politischer Beamter den Weisungen des Justizministeriums unterstellt ist, kann nach Ansicht vieler Juristen in der Praxis dazu führen, dass bestimmte Sachverhalte gar nicht erst zur Anklage kommen. Börsenmanipulation? Untreue gegenüber den Anlegern? In der Krise hatten die Staatsanwaltschaften so gut wie keine strafrechtliche Relevanz. Auch die Ermittlungen gegen den Rechtsextremismus ließen zu wünschen übrig. Wenn die Justizminister glauben, ihre politische Verantwortung nur über abhängige Staatsanwälte durchsetzen zu können, sollten sie aber auch eine Kriminalpolitik machen, die überzeugt. Richter, die sich über diese obrigkeitsstaatlichen Strukturen kritisch äußern, müssen mit Disziplinarmaßnahmen rechnen. Udo Hochschild, Richter am Verwaltungsgericht Dresden, unerschrocken: «**In Deutschland ist die Justiz fremdbestimmt.**» (Gewaltenteilung.de) Die Richterverbände fordern seit Jahren eine Selbstverwaltung der Justiz, um ihr die Stellung zu verschaffen, die ihr nach dem Gewaltenteilungsprinzip zugewiesen wird. Und wie sie in den meisten Ländern Europas üblich ist.

Die Klage ist verständlich, denn selbst wenn die Gerichte unabhängig entschieden haben, können sie sich durch ihre vielfältige Abhängigkeit von der Regierung schwer gegen den Verdacht wehren, sie hätten politische Rücksichten genommen. Man betrachte als Beispiel das im Dezember 2012 in Magdeburg ergangene Urteil gegen den Dienstgruppenleiter der Polizei, der für den Verbrennungstod des Asylbewerbers Oury Jalloh aus Sierra Leone zuständig ist. Jalloh wird im Januar 2005 von der Dessauer Polizei in Gewahrsam genommen und an Händen und Füßen an den Zellenboden gekettet. Wenige Stunden später kommt er durch ein Feuer in seiner Zelle ums Leben.

Die prozessbeobachtenden NGOs *Internationale Liga für Menschenrechte* und *Komitee für Grundrechte und Demokratie* haben Staatsanwaltschaft und Gericht mangelnden Aufklärungswillen und amtlichen Schutz der Polizei vorgeworfen. Schwer zu widerlegen, wenn die

Staatsanwaltschaft einseitig in Richtung Selbstanzündung ermittelt. Wenn dem nicht mehr widersprechenden Jalloh unterstellt wird, er habe das Feuer trotz seiner Fesseln selbst gelegt, mit einem Feuerzeug, das zwar am Brandort liegt, bei der Durchsuchung des Festgenommenen aber nicht gesehen worden war und keine DNA- und Kleidungsspuren von ihm aufweist. Schwer zu widerlegen, wenn andere Beweismittel verschwunden sind, Aussagen zurückgezogen werden und der zuständige Polizist sogar einräumt, den angesprungenen Brandmelder ohne nachzusehen ausgeschaltet zu haben. Wenn die Justiz die Ursache des Brandes auch in der Revision nicht aufklären kann und am Ende nur eine Geldstrafe wegen fahrlässiger Tötung herauskommt. Vorauseilendes Entgegenkommen der dem Justizministerium unterstellten Gerichtsbeamten für Praktiken in der Verantwortlichkeit des von derselben Partei geführten Innenministeriums?

Ein Staat mit souveränen Bürgern, mit wirklich unabhängiger Justiz und funktionierender Gewaltenteilung wird nicht schwächer, sondern anders sein – stärker demokratisch legitimiert. Wer bisher einen schwächeren Staat verlangt hat (schon gar in den USA), meinte immer, die Wirkkräfte dem Markt, also den Konzernen der Wirtschaft und den Banken, überlassen zu müssen. In einer modernen Demokratie muss es umgekehrt darum gehen, die Wirkkräfte stärker dem Willen der Bürger auszusetzen. Wobei das höchste Gut der Gesetzgebung die so schwer vereinbaren Pole **Freiheit und Gleichheit** sind.

Die Freiheit, weil jede Abhängigkeit von Einzelnen die Akzeptanz des schlichtenden Staates gefährdet, die Gleichheit, weil die Freiheit ohne sie nicht bestehen kann. Der Verfassungsstaat wird nicht abgeschafft, wenn die Verfassung zugunsten der unterprivilegierten Mehrheit durch diese selbst in freier Entscheidung verändert wird. Denn seit der Aufklärung sind die Völker zu **permanenter Verfassungsrevision** aufgefordert. An die Verfassung gebunden sind nicht die Bürger, sondern ist nur der gewaltengeteilte Staat. Er ist daher auch das einzige Organ, das gegen die Verfassung verstoßen kann, wovon er reichlich Gebrauch macht.

Wer zurzeit herrscht, ist mit Sicherheit nicht das Volk. Darüber hinaus werden die Sicherheiten schon brüchiger. Die Gewaltenteilung ist beschädigt, alle Abhängigkeiten weisen auf einen Parteienklüngel, der sich der Wirtschaft andient. Da sich alle menschlichen Verhältnisse in den Interessen darstellen, sollen diese Interessen im Weiteren unter die Lupe genommen werden.

3. WORÜBER WIRD GEHERRSCHT?

Der Staat sichert die Eigentumsordnung

Die Waage ihrer Gerechtigkeit
Nehme ich herab und zeige
Die falschen Gewichte.

Bertolt Brecht

Es ist doch unser Land. Darauf geboren zu sein, es bearbeitet zu haben, darauf gestorben zu sein – dadurch ist es unser Land geworden. Nur dadurch und nicht durch ein Papier mit Zahlen darauf gehört einem das Land.

John Steinbeck

Die wichtigste Aufgabe des Staates war es bisher immer, die Eigentumsordnung zu sichern. Das Allgemeinwohl hat davon nur profitiert, wenn ein höherer Lebensstandard der Produktion von Mehrwert förderlich war. Das galt auch für die achtzig Jahre der Konfrontation mit dem sich weltweit ausbreitenden Sozialismus, als «Wohlstand für alle» das Privateigentum gegenüber dem konkurrierenden Modell zu legitimieren hatte. Seit diese Aufgabe entfallen ist, haben die Eigentümer von ihren rechtlichen Privilegien, die nie erloschen waren, sondern aus Angst vor womöglicher Enteignung selbst beschränkt wurden, wieder vollen Gebrauch gemacht. Um die unzertrennliche Symbiose von Eigentum und Macht zu durchschauen, sind wiederum Abstecher in die Historie so unvermeidlich wie erhellend.

«Nimm das Recht weg – was ist dann ein Staat noch anderes als eine große Räuberbande», hat Papst Benedikt im Bundestag den heiligen Augustinus zitiert. Dabei hat der heilige Augustinus doch nicht übersehen, dass die Staaten von Anfang an gerade durch das von ihnen geschaffene Recht zu Räuberbanden wurden.

Gesetzgeber, Regierung und Justiz haben seit dem **Römischen Recht** der Antike zuallererst das Eigentum zu garantieren. Bis heute sind sich diese vermeintlich geteilten Gewalten ganz einig darin, in den permanenten Verteilungskämpfen zwischen Kapital und Arbeit zugunsten des Eigentums zu intervenieren. Denn zu Garantien gegenüber Lohnabhängigen sind sie nicht verpflichtet. Es gibt bestenfalls Zugeständnisse, die in guten Zeiten eingelöst werden. Die sie genießen, glauben oft irrtümlich, es seien Besitzstände.

In den angeblich alternativlosen Zeiten, in denen wir heute leben, aber wird klar: Der Gürtel der Habenichtse darf unbegrenzt enger geschnallt werden. Wofür die EU-Krisenländer drastischen Anschauungsunterricht liefern. Löhne und Sozialleistungen, bis hin zu Pensionsfonds, sind eben keine **gewachsenen Eigentumsrechte**. Priorität im Rechtsdenken hat nicht das Recht auf Sinngebung durch Arbeit und Kultur, das Recht auf Gesundheit in einer intakten Umwelt, das Recht auf Leben und Altern in Würde, eben das Recht auf Freiheit und Unabhängigkeit, sondern das Recht auf Einfluss durch Eigentum.

Bundeskanzler Ludwig Erhard kannte die Spielregeln: Nur Eigentum gewährleistet persönliche Sicherheit und geistige Unabhängigkeit. Deshalb proklamierte er den «Wohlstand für Alle», eine Formel, die in den Zeiten des Wirtschaftswunders aufzugehen schien. Doch das Wohl der Allgemeinheit ist eben auch kein gewachsenes Eigentumsrecht – die Hälfte der Bundesbürger hat heute kein Vermögen. Stinkreich sind nur ganz wenige. Die Eigentumsinteressen der wenigen sind mehr wert als die **politischen Beteiligungsrechte** der vielen. Die Sozialpflichtigkeit von Eigentum ist gesetzlich längst nicht so bindend gefasst wie die Freiheit des Eigentümers zum beliebigen Gebrauch seines Vermögens. Das Gemeinschaftsinteresse hat immer noch, ja verstärkt, hinter den privaten Vorteil zurückzutreten.

Nirgends wird dies deutlicher als bei der Rettung der sogenannten systemrelevanten Banken. Der Stempel *too big to fail* ist ein traumhafter Freibrief für jede Gaunerei. Während das Risiko vollkommen auf die am Deal und am Gewinn unbeteiligten Bürger verlagert wird. Die sind *too small to care*. Vor allem zu klein, um sich zu wehren. Gegen den ganz alltäglichen Wahnsinn: Privatbanken erhalten von uns Bürgern, die wir ausnahmslos alle zumindest Verbrauchs- und Mehrwertsteuer zahlen, über unsere Bundesbank Traum-Kredite zu einem Zinssatz von 1 Prozent. Einlagen der Privatbanken bei der Bundesbank werden mit 4 Prozent verzinst. Mit welchem Recht? Wir haben keine Chance, dem zu widersprechen, auch wenn es das von uns erarbeitete Geld ist. Unser Geld. Der Dispokredit für Finanzschwache und Normalverbraucher liegt derzeit bei über 17 Prozent. Wer angesichts dieser Unverschämtheit nicht zum **Radikaldemokraten** wird, hat offenbar viel Geld zu verschenken.

Die Unantastbarkeit angeblich erworbener Rechte ist heilig, wobei die Mehrheit angesichts der gültigen Spielregeln von diesem Erwerb ausgeschlossen ist. Arbeit ist Humankapital und damit ebenso eine Investition wie Geldkapital. Doch während der abhängig Arbeitende seinen ganzen «Gewinn», nämlich seinen Lohn, versteuert und dabei so gut wie keine Steuern abschreiben kann, sind dem Unternehmer lukrative Abschreibungsmöglichkeiten gewährt, von seinen Schulden über den Dienstwagen bis zur Dienstreise. Der Gesetzgeber hat es so eingerichtet, dass für den Unternehmer alle Gewinne steuerfrei sind, die er reinvestiert, um sein Eigentum an Produktionsmitteln und Immobilien zu erhalten oder zu erneuern. Investitiert er in Neues, belastet er nur zur Hälfte sein eigenes Vermögen, den Rest lässt er sich vom Steuerzahler dazugeben. Bei 50 Prozent Eigenanteil hat er 100 Prozent Verfügungsrecht, 100 Prozent Stimmrecht, 100 Prozent Anspruch auf (mehr oder weniger versteuerten) Unternehmensgewinn. Der Steuerzahler bezahlt also weitgehend die Mehrung des Eigentums des Unternehmers. Während jeder Häuslebauer, der nicht über Produktionsmittel verfügt, mit den Zinsen für Kredite belastet wird.

Bürgerliches Eigentum bewährt sich für seine Inhaber als ein nach Gutdünken zum eigenen Vorteil zu nutzendes Recht. Und der moderne Staat mit seiner im vorigen Kapitel gezeigten Neigung, sich selbst als Monarch zu gefallen, privilegiert Privatunternehmen durch staatliche

Begünstigungen: durch die kostenlose Freigabe von allen gehörendem Eigentum wie Bodenschätzen, Wasser und Luft, ohne den Unternehmen den Naturverbrauch in Rechnung zu stellen; durch Dienstleistungen wie Industrie-Abwasserklärung, bereitgestellte Infrastruktur oder Versicherungen; durch Subventionen und Steuernachlässe, durch Regierungsaufträge aller Art, insbesondere aber in der Rüstungsindustrie.

Der Staat ist also nicht nur Garant, sondern Mehrer des Privateigentums. Während er die Menschen nur schützt, wenn sie seine Staatsangehörigen sind, so schützt er das Privateigentum ganz grundsätzlich und überall. Was hat er davon? Die Privateigentümer bedanken sich mit Spenden für gewogene Parteien und ihre Wahlkämpfe, sie finanzieren deren Vorhaben und bieten einträgliche Aufsichtsratsposten – was verboten gehört, wenn Politik nicht käuflich sein soll. Wenn aber Macht und politischer Einfluss in der Gesellschaft derart **eigentumslastig** verteilt ist, kann von Demokratie keine Rede sein. Kurz vor Machtantritt der Nazis warnte Erich Mühsam: Wo es Vorrechte des Besitzes gibt, kann kein formales Gleichsetzen von Stimmen wirkliche Gleichheit schaffen. Macht beruht immer auf wirtschaftlicher Überlegenheit.

Über die USA wird heute kaum noch als von einer Demokratie geredet. Nach weitgehender Übereinstimmung der akademischen Klasse wurden die USA als Erste vom **«ehernen Gesetz der Oligarchie»** erfasst, das Robert Michels schon vor hundert Jahren beschrieb. Die Wallstreet macht sich, unabhängig davon, welcher Präsident gerade unter ihr regiert, ihre Gesetze selbst. Der eingangs erwähnte Geschäftsmann Warren Buffett, der nach Bill Gates der zweitreichste Amerikaner sein soll, fand es selbst bedenklich, dass sein Steuersatz weit unter dem seiner Sekretärin liege. Das erreichen offenbar nur die Top Hundred, schon die Menge der Wohlhabenden ist bei politischen Richtungsentscheidungen genauso einflusslos wie die Habenichtse. Nur die **Spenderklasse**, der es in den USA gesetzlich erlaubt ist, anonym Milliarden in den Wahlkampf zu stecken, hat wirklich Einfluss. Vertreten durch die teuersten Anwälte und Steuerberater, oder zunehmend durch eigene Leute in der Regierung, gewinnen sie Einfluss auf die Gesetzgebung. Und auf Abstimmungen in Gremien, die über sogenannte humanitäre, in Wahrheit gewaltsame, Einsätze bestimmen, deren Humanität einzig dem Kapital gilt. Die Entscheidung über Krieg und Frieden aber ist der höchste Punkt der Souveränität. Das ist das Königsrecht, nicht der Haushalt. Die lebenswichtigen Entscheidungen fällen immer weniger Leute jenseits demokratischer Kontrolle. Und für Europa gilt: Eins, zwei, drei im Sauseschritt, mach ich nach und mach ich mit.

Erstes Ziel jeder Oligarchie ist, ihre Besitztümer zu verteidigen. Darüber hat schon Aristoteles geschrieben. … Bevor der noch geneigte Leser nun wiederum einen beschwerlichen Ausflug in die Rechtsgeschichte argwöhnt, sei er versichert, dass hier nur Instrumente verteilt werden, mit denen er sein Eigentum mehren könnte. Ganz ohne Anstrengung wird dieses Rüstzeug gewöhnlich nicht erworben.

Uwe Wesel (Fast alles, was Recht ist, S. 30 f.) schärft unseren Blick dafür, dass juristische Entscheidungen nicht logische, rationale Prozesse sind, die zum einzig richtigen Ergebnis führen. «In Wirklichkeit gibt es bei fast allen juristischen Problemen zwei Möglichkeiten, kann man so oder so entscheiden. Und den Ausschlag geben dann, bewusst oder unbewusst, politische Gründe, hinter denen Interessen einzelner Gruppen stehen.» Als Beispiel führt er die parallele Entstehung des antiken griechischen und Römischen Rechts an.

Die Griechen als das Volk der Künstler und Philosophen gingen davon aus, dass der **Staat das Eigentum der Bürger** sei. Sie waren als Erste der Anschauung, dass Eigentum verpflichtet und daher der Staat im Notfall für seine Angehörigen aufzukommen habe, sei es durch öffentliche Mittel oder auf Kosten der reicheren Bürger. Mieter und Vermieter, Pächter und Verpächter hatten eine ungefähr gleiche Rechtsstellung.

Die machtbewussten Römer brauchten für die Ausweitung ihres Imperiums von Anfang an ein starkes Recht. Sie waren es, die scharfsinnig zwischen Eigentum und Besitz unterschieden. Sie brachten die Eigentümer (Verpächter) in eine viel stärkere Rechtsposition als die Besitzer (Pächter). Die hatten kaum Rechte. Die römische Gesellschaft war weniger sozial. Das egoistische Interesse der Grundeigentümer war ihr Maßstab: jus utendi et abutenti re sua, quatenus juris ratio partitur. Das Recht, seine Sache zu gebrauchen und zu missbrauchen, soweit es die Idee des Rechts zulässt. Und diese Idee bestand gerade in der Heiligung des Eigentums. Hinzu kam, dass es freie Arbeit im alten Rom praktisch nicht mehr gab. Sie war den preiswert zu erwerbenden Sklaven übertragen worden. Entsprechend niedrig war das Humankapital angesehen, auch vor dem Gesetz. Dem fehlt die mitfühlende Dimension. Das Recht auf Ankauf eines Arbeitssklaven war schon das ganze Arbeitsrecht. Vermögenszuwächse gingen einzig ans Kapital. Das alles hat den Herrschern der Welt so imponiert, dass der pontifikale Rigorismus des antiken Römischen Rechts noch heute die **Grundlage der globalen Rechtsordnung** ist.

Ohne dieses Recht wäre die katholische Kirche nicht so reich und mächtig geworden, hätte das mittelalterliche Heilige Römische Reich nicht derart expandieren können, wären die grundbuchlosen Indianer nicht so leicht von ihrem Land zu vertreiben gewesen, hätten die Bill of Rights nicht als Bollwerk zum Schutze des Privateigentums wirken und die auf Sklaverei beruhenden Kolonialreiche sich nicht ausbreiten können. Auch das Bürgerliche Gesetzbuch ist bis heute vom Römischen Recht geprägt. Wo kein Haben ist, da ist kein Sagen.

«Just das Recht, an dem ein wirtschaftlich, technisch, finanziell und sozial rückständiges Imperium in grauer Vorzeit gescheitert war, nahm sich der siegreiche Kapitalismus zur Geschäftsgrundlage. Seine Verwilderung zu einer **modernen Sklavenwirtschaft** war damit vorgezeichnet», befand 2001 der nicht gerade für revolutionäre Umstürze bekannte Wirtschaftswissenschaftler Wilhelm Hankel (in: Brauchen wir eine andere Wirtschaft?, S. 205). Er spricht von «falschem Recht», das bis heute herrscht. Die wachsende Ungleichheit der Vermögensverteilung in der Gesellschaft entspringt also weitgehend jahrhundertealten, interessenbedingten Rechtsdefiziten.

Im Römischen Recht wurde die **occupatio herrenloser Güter** zu Eigentum erklärt. Wer also in unbegrenztem Maße von Ländereien oder Naturstoffen körperlich Besitz ergriff, auf die zuvor kein anderer Ansprüche erhoben hatte, konnte sie behalten. **Eigentum ist Raub**, klagte Proudhon später an, zur Empörung der besseren Gesellschaft. So entstand ein Recht, in dem eine wie auch immer erworbene Urkunde zu dynastischer Erbfähigkeit erhöht und gleichzeitig die wertschöpfende Rolle der Arbeit missachtet wird.

Man hätte es von Anfang an auch anders regeln können: Eigentümer und Arbeiter hätten vertraglich gleichberechtigte Partner sein können. Dann wären sie an den gemeinsam produzierten Waren genauso als Miteigentümer beteiligt wie an den erwirtschafteten Vermögenszuwächsen. Das wäre das natürlichere, logischere und gerechtere Gesetz gewesen. Weil Vermögen, wenn es nicht geraubt wurde, nur aus Arbeit erwächst und daher nicht nur diejenigen, die das Kapital beisteuern, sondern auch diejenigen, die daraus Werte erarbeiten, Anspruch auf Miteigentum haben müssen. So aber ging und geht der Gewinn ausschließlich an die Alleineigentümer.

Bis vor 250 Jahren war Macht in erster Linie mit Grundbesitz verbunden, weil Ackerland das wichtigste Produktionsmittel war. Erst mit der Entwicklung der Technik, die Großunternehmen erforderte, haben sich die Machtstrukturen zugunsten des meist auf Großaktionäre verteilten Kapitals verändert. Deren Anspruch, an Gewinn und Wertsteigerung zu partizipieren, ist aber ein **Überbleibsel von feudalen Privilegien** (siehe John K. Galbraith: The New Industrial State, München 1968).

Und warum lassen sich die Völker das seit Jahrhunderten bieten? Haben sie ja nicht. Als das Römische Recht im Mittelalter in Europa eine Renaissance erlebte und die Folgen sich im Leben der Untertanen niederschlugen, kam es zu Aufständen in der Schweiz, in England, Böhmen, Flandern. In Deutschland ist die Erhebung von 1524 als **Bauernkrieg** in die Geschichte eingegangen, obwohl daran auch Handwerker, Bergknappen, Schultheiße, Landsknechte, ja Geistliche und Städter führend beteiligt waren.

In ihren *Zwölf Forderungen* lehnten die Aufständischen sich auf gegen das alte, nunmehr als neu eingeführte Recht mit seinen Privilegien für die Patrizier und den Klerus. Sie verlangten, dass Wiesen, Äcker und Wälder, die sich die «Herrschaften» angeeignet hatten, Gemeingut bleiben sollen. Die gemeinschaftlichen Weide-, Holzschlag-, Fischerei- und Jagdrechte dürften nicht eingeschränkt werden. Die Leibeigenschaft gegenüber den Grundherrn gehöre abgeschafft. Die Abgaben, der Zehnte, dürften nicht immer drückender werden. Der Überschuss müsse an die Dorfarmut verteilt werden. In Mühlhausen, wo ihr Anführer, der Theologe Thomas Müntzer, wirkte, wurden tatsächlich Räume für Obdachlose und zur Armenspeisung eingerichtet, die Privilegien waren aufgehoben, die Klöster aufgelöst. Der Rest ist bekannt: Müntzer wurde nach der verlorenen Schlacht bei Frankenhausen eingekerkert, im Beisein von Herzog Georg dem Bärtigen gefoltert und schließlich enthauptet. Die Ideen dieser Erhebungen aber waren Vorboten der amerikanischen Unabhängigkeitskriege und der Französischen Revolution. Und diese Anstifter aller Klassenkämpfe bis in die Neuzeit.

Die immer **geistige Wegbereiter** hatten. So den Philosophen John Locke, für den sich das Recht auf Eigentum ursprünglich auf den eigenen menschlichen Körper bezog, durch dessen Arbeit sich jeder zu seinem Eigentum machen darf, so viel, als er «zu irgendwelchem Vorteil für sein Leben nutzen kann, bevor es verdirbt» (Zweite Abhandlung über die Regierung). Natürlich auch Jean-Jacques Rousseau, der fragte, wie Menschen sich eines riesigen Landgebietes bemächtigen und es dem ganzen Menschengeschlecht rauben könnten, wenn nicht durch eine strafwürdige Aneignung (Staat und Gesellschaft, Kapitel IX). Auch der Rechtsgelehrte Alexis de Tocqueville (Der alte Staat und die Revolution) machte auf die verhängnisvolle Rolle des Römischen Rechts für den Aufbau einer gerechten Gesellschaft aufmerksam. Es nutzte nichts, dass der Wirtschaftstheoretiker Adam

Smith 1776 das Eigentum eines jeden an seiner eigenen Arbeit als das heiligste aller Rechte beschwor (Wohlstand der Nationen). Schließlich hat Karl Marx den Grundwiderspruch im Kapitalismus als den zwischen Kapital und Arbeit analysiert. Bei aller Vielfalt beschrieben sie alle die Eigentumsfrage als ebenso zentral wie ungelöst.

Ob Bismarcks Sozialistengesetze oder Oktober- und Novemberrevolution, ob der amerikanische New Deal oder der Deal der Nationalsozialisten mit Wirtschaft und ostelbischem Grundbesitz – immer haben die Geschichtsmächtigen den Staat in die Pflicht genommen, Macht und Eigentum umzuschichten. Die Chance für einen echten Neuanfang war scheinbar nie so groß wie nach der schrecklichen Lektion, der sich die Völker nach den Verwüstungen der Nazi-Zeit ausgesetzt sahen. In beiden deutschen Staaten war klar, dass die Erneuerung des politischen Systems tiefgreifende Einschnitte in die überkommene Eigentumsordnung voraussetzt. Gerade den durch Eigentum gestützten Kreisen wurde zu Recht von allen Parteien die Begünstigung und Finanzierung der Nazis zugerechnet. Deshalb durfte der geistige und materielle Wiederaufbau nicht einfach die Restauration der alten Strukturen bedeuten.

In den westlichen Besatzungszonen verurteilten CDU/CSU und SPD gleichermaßen scharf das versagt habende «kapitalistische Wirtschaftssystem» und setzten auf eine «**gemeinwirtschaftliche Ordnung**», die dem Recht und der Würde des Menschen entspricht. Ausnahmslos alle Landesverfassungen der Jahre 1946/47 ermöglichen oder schreiben sogar zwingend vor die Überführung von großen Unternehmen, ja ganzen Wirtschaftszweigen in Gemeineigentum. Sie wurden darin durch Landtagsbeschlüsse oder gar durch Volksentscheide mit Dreiviertel-Mehrheiten gestützt. In Artikel 24 der nordrhein-westfälischen Verfassung heißt es beispielsweise bis heute: «Im Mittelpunkt des Wirtschaftslebens steht das Wohl des Menschen. Der Schutz seiner Arbeitskraft hat den Vorrang vor dem Schutz materiellen Besitzes.»

Hier war er, der Bruch mit dem Römischen Recht! Garantiert wurde das Recht auf Arbeit und gewährleistet «das Recht der Arbeitnehmer auf gleichberechtigte Mitbestimmung bei der Gestaltung der wirtschaftlichen und sozialen Ordnung». Doch die Westalliierten dachten gar nicht daran, den eindeutigen Mehrheitswillen des angeblichen Souveräns zu respektieren. We are the people?

Im November 1948 folgten dem Aufruf des bizonalen Gewerkschaftsrates sogar neun Millionen Arbeiter, um in einem Generalstreik gegen die Politik des Wirtschaftsrates und der Besatzungsmächte zu protestieren. Sie forderten keine Lohnerhöhung, sondern Gemeineigentum in der Grundstoffindustrie und die Demokratisierung und Planung der Wirtschaft. Doch es half alles nichts, die Westalliierten hatten sich in der Konkurrenz mit der Sowjetunion längst dafür entschieden, das eigene, auf Privateigentum an Produktionsmitteln basierende kapitalistische Wirtschaftssystem zu installieren. Sie untersagten bis auf weiteres ganz nach Römischem Recht alle Eingriffe ins Eigentum. Die Chance für einen Neuanfang war nie so vertan.

Schon damals ging es nicht danach, was das abstimmende und streikende Volk wollte, Souverän war das Kapital. Demokratie ist nichts, was man sich schenken lassen sollte. Was du ererbst von deinen väterlichen Besiegern, erwirb es, um es zu besitzen. Der Kampf um Gerechtigkeit ist ein Kampf ums Recht, bei dem Herrscher und Beherrschte die umkämpften Frontlinien je nach momentaner Schlagkraft mit mehr oder weniger akzeptablen Methoden ständig verschieben. Der französische Philosoph Claude Lefort bewahrt uns vor Illusionen, wenn er mit Nachdruck darauf verweist, dass Demokratie nicht das Gegenteil von Totalitarismus ist, sondern Totalitarismus als Tendenz immer in sich trägt. Er hielt es für unumgänglich, «dass dort, wo sich die Sensibilität gegenüber dem Recht verbreitet, die Demokratie notwendig wild und nicht domestiziert ist» (in: Autonome Gesellschaft und libertäre Demokratie, Frankfurt 1990).

In Deutschland war nach dem Krieg die Entwicklung des Rechts auf beiden Seiten zwangsläufig stark domestiziert. Während in den drei westlichen Besatzungszonen die Gesetzgebung zur Sozialisierung blockiert blieb, hatten es die Gesetze zur **Restauration einer privatrechtlichen Wirtschaft** leicht. Marshallplan, Währungsunion und eine Wachstum fördernde Gesetzgebung des Wirtschaftsrates ließen die Sehnsucht nach anderen Modellen langsam verblassen. Mit der «sozialen Marktwirtschaft» schien der Kapitalismus überwunden.

Als das Grundgesetz entstand, war die Frage der künftigen Wirtschaftsordnung dennoch nicht entschieden. SPD, KPD, Gewerkschaften und protestantische Gruppen hielten an einer Neuordnung des Eigentums fest. Deshalb hat die neue Verfassung sich zwischen den wirtschaftlichen Alternativen nicht festgelegt und einen Kompromiss angeboten, der für beide Modelle offen war. Der Politik wurde ein großer Gestaltungsspielraum gelassen. Die Regierung war aufgerufen, wirtschaftliche Machtstellung zu verhindern, und befugt, eine Art Gemeinwirtschaft einzuführen. Doch die Macht hatte längst anders entschieden. 1950 war der damalige CDU-Innenminister Gustav Heinemann wegen Adenauers Politik der Wiederbewaffnung zurückgetreten. Als er zwei Jahre später auch aus der Partei austrat, klagte er: «Sieht man denn wirklich nicht, dass die dominierende Weltanschauung unter uns aus drei Sätzen besteht: viel verdienen, Soldaten, die das verteidigen, und Kirchen, die beides segnen.»

1951 drohten die Gewerkschaften abermals, die Wirtschaft mit einem Generalstreik lahmzulegen. In einer Urabstimmung hatten 98 Prozent der Stahlarbeiter und 93 Prozent der Bergarbeiter für einen Streik gestimmt, der die Vergesellschaftung der Schlüsselindustrien fordern sollte. Einzig um diesen Druck abzuwenden, hat sich Adenauer auf die Verhandlungen zur Montanunion eingelassen – bis heute das einzige Mitbestimmungsmodell, in dem die Vertreter von Kapital und Arbeit paritätisch im Aufsichtsrat vertreten sind. Die Gewerkschaften erhofften sich von diesem Modell eine Demokratisierung der Wirtschaftsordnung.

Das hat der Parlamentarische Rat verhindert. Die Mitbestimmungsrechte sind verfassungsrechtlich nicht abgesichert worden. Auch dem stand angeblich die Eigentumsgarantie entgegen, die Eigentümer vor staatlichen oder gewerkschaftlichen Eingriffen schützt. Die verfassunggebende Versammlung arbeitete insbesondere bei für das Wirtschaftssystem relevanten Fragen nach Vorgaben der Westalliierten. Der Staatsrechtler Carlo Schmid hatte sich mit seinem Antrag, den Schutz auf das «der persönlichen Lebenshaltung oder der eigenen Arbeit dienende Eigentum» zu begrenzen, nicht durchsetzen können (Jahrbuch des öffentlichen Rechts, NF Bd. 1, S. 145 ff.). Von da an ist die Eigentumsgewährleistung nach Artikel 14 einseitig ausgelegt worden.

Man soll das im Montangesetz erstrittene Recht der Gewerkschaften auf mehr Informationen über die betrieblichen Belange und ein Vetorecht bei einigen sozialen Angelegenheiten der Belegschaft psychologisch und praktisch nicht unterschätzen. Aber auch nicht überschätzen. Laut Aktiengesetz ist das «**Letztentscheidungsrecht**» bei den Aktionären geblieben, sie sind berechtigt, alle Entscheidungen des Aufsichtsrates aufzuheben. Immer wieder forderte die Gewerkschaft vergeblich, das nur für die Stahlindustrie und den Bergbau geltende Montanmodell auf alle privaten Unternehmen auszudehnen. Der damalige IG-Metall-Vorsitzende Otto Brenner beklagte

1961, dass es keine gleichberechtigte Mitbestimmung zwischen Kapital und Arbeit gebe. Die Gewerkschaften hätten weder für die Bestellung der Aufsichtsräte ein Vorschlags- und Entsenderecht, noch für die Unternehmensleitung. «Wir wissen, dass die Freiheit des Menschen außerhalb seines Arbeitslebens nicht vollständig und gesichert ist, solange er in seinem Arbeitsleben der Herrschaft anderer unterworfen bleibt.»

Solange das Kapital durch die Systemkonkurrenz unter dem Druck einer sozialen Legitimation stand, ließ man sich die Gewerkschaften in Tarifverhandlungen austoben und achtete gleichzeitig streng darauf, dass sie von überbetrieblichen, politischen Belangen, wie Vergesellschaftung oder auch nur Zivilisierung des Kapitalismus, abließen. Eine Gewerkschaft für Arbeitslose ist nie zustande gekommen. Die Betriebsräte kämpften mal mit mehr, mal mit weniger Erfolg für den Erhalt der Arbeitsplätze. Ihr Ziel aber, dass sich die Lohnabhängigen eben nicht als Unterworfene, sondern als Subjekte mit Würde im Unternehmen fühlen könnten, hat sich selten erfüllt.

Die sich für das Wirtschaftswunder abrackernden Arbeiter und Angestellten vollführten diese Luftnummer letztlich ohne Netz. Was in Jahrzehnten gewerkschaftlicher Kämpfe errungen wird, hat in Krisenzeiten keinen Rechtsschutz, wie die Unterhöhlung des deutschen Sozialstaates oder auch der weitgehende Untergang des skandinavischen Modells gezeigt haben. Heute gibt es in zwei Drittel aller Unternehmen überhaupt keine Mitbestimmung, weder betrieblich noch in den Aufsichtsräten. Die paritätische Mitbestimmung gilt noch für etwa 100 000 Mitarbeiter im Montanbereich, was gemessen an den rund 42 Millionen Erwerbstätigen ein Alarmsignal sein sollte.

Die kleine Gruppe der großen Eigentümer aber konnte mit ihrer Anhäufung von vermögenswerten Rechten dank der Eigentumsgarantie des Grundgesetzes für schlechtere Zeiten vorsorgen. Grundbücher sind heiliger als die Bibel. Deshalb ist es eben ein Irrtum anzunehmen, es komme mehr auf Verfügungsrechte als auf Eigentumstitel an. Um Verfügungsrechte zu verlieren, genügt eine der zahlreichen Krisen. Um Eigentumstitel zu verlieren, bedarf es schon eines der eher seltenen, revolutionären oder konterrevolutionären Umstürze oder eines Krieges.

Mit einer Grundsatzentscheidung vom 10. 6. 1952 hat der Bundesgerichtshof (BGH) schon früh klargestellt, dass der Einzelne «um seiner Freiheit und Würde willen einer rechtlich streng gesicherten Sphäre des Eigentums» bedarf. Wenn man sich mit dieser ideologisch überhöhten Lesart vor Augen hält, dass heute ein Prozent der Bevölkerung ein Viertel des Volksvermögens besitzt, dann wird deutlich, dass tatsächlich nur Einzelne die Voraussetzung haben, ihrer selbst sicher sein zu können. Da wird Freiheit und Würde einzig als ökonomische Selbstbestimmung verstanden, nicht als geistige oder politische. Der Staat soll ideologieneutral sein – aber ist das Vakuum im Grundgesetz beim Beschreiben des ökonomischen Systems nicht durch den Eigentumsfundamentalismus aufgefüllt? Und sind nicht insofern die Wirtschaftskonzepte der Regierung alles andere als ideologiefrei? Wenn dem so ist, dann wäre unsere Möglichkeit der Selbstbestimmung, also unsere Freiheit, in der Praxis ziemlich hohl. Noch ist kein System ohne die Behauptung ausgekommen, es sei der eigentliche Inhaber des Freiheitsgedankens.

In seinem höchst aufschlussreichen Buch «Eigentum als Verfassungsproblem» beschreibt der Rechtswissenschaftler Helmut Rittstieg die Koalition bürgerlicher Parteien, zu deren Hauptanliegen gehört, «das Privateigentum und seine Nutzung zur Grundlage des gesellschaftlichen Lebens zu machen. Auf dieser Linie liegen der Abbau der Steuerprogression, verbunden mit einer Fülle von Maßnahmen zur Begünstigung der Vermögensbildung» (S. 286). Seit Inkrafttreten des Grundgesetzes sei seine andere Dimension, die zur Erfüllung der Sozialstaatsklausel auch Eingriffe ins Eigentum ermöglicht, «keinem ernsthaften Test unterworfen worden». Die in Artikel 15 für möglich gehaltene **Gemeinwirtschaft sei «verfassungsrechtliche Terra incognita»** geblieben (S. 401).

Stattdessen sei die Eigentumsgewährleistung in der juristischen Praxis zu einem der wichtigsten Grundrechte überhaupt geworden. Die Rechtsprechung, insbesondere des BGH, habe die soziale Bindung des Eigentums weiter verwässert. «Das **Eigentümerbelieben** wird so zum Verfassungsmaßstab» (S. 389). Es kann an solchen Sätzen gelegen haben, weshalb die gut belegte Studie von Helmut Rittstieg 1973 von der Rechtswissenschaft der Universität Hamburg in vorauseilendem Gehorsam als

Habilitationsschrift abgelehnt wurde. Die nicht selten den politischen Opportunitäten angepassten Geisteswissenschaften, insbesondere die apologetische sogenannte Wirtschaftswissenschaft, sind mitverantwortlich für die Spaltung der Gesellschaft. Auch solche Sätze von Rittstieg werden nicht gern gehört: «Das vom Klassenstaat des ausgehenden 19. Jahrhunderts geprägte bürgerliche Recht bestimmt ungebrochen das juristische Verständnis des Grundgesetzes» (S. 332).

Im Osten Deutschlands war der Bruch mit der bisherigen Eigentumsordnung im Selbstverständnis sowohl der zurückgekehrten Emigranten als auch breiter Kreise der Bevölkerung *die* revolutionäre Konsequenz aus Kapitalismus und Faschismus. Bei einem Volksentscheid im Juni 1946 in Sachsen stimmten 77,7 Prozent für die Überführung der Betriebe und Ländereien von Nazi- und Kriegsverbrechern in Volkseigentum. Im November 1946 hatte die SED auf sowjetische Initiative tatsächlich einen Verfassungsentwurf für ganz Deutschland vorgelegt, der neben den bürgerlichen Freiheitsrechten die Planwirtschaft vorsah und die Sozialisierung der Bodenschätze. Der Entwurf wurde von den Landtagen in der Sowjetischen Besatzungszone gebilligt. Insofern war die radikale **Abkehr vom Römischen Recht** (das in der Sowjetunion wie in Russland sowieso keine Tradition hatte) zunächst demokratisch legitimiert. Inwiefern auch das ein domestiziertes Recht der Besatzungsmacht war oder den freien Willen der Bevölkerung ausdrückte, ist nachträglich kaum auseinanderzuhalten. Aber es passte in die europaweite Nachkriegsstimmung.

Doch nach der reinen Lehre sollte es mehr sein als Verstaatlichung. Schon Engels hatte gespottet über den «falschen Sozialismus», der aufgetreten sei, «seit Bismarck sich aufs Verstaatlichen geworfen». Wäre die Verstaatlichung des Tabaks Sozialismus, so zählten Napoleon und Metternich zu dessen Gründern. Und dann wären «die königliche Porzellanmanufaktur und sogar der Kompanieschneider beim Militär sozialistische Einrichtungen».

Immer wieder wird behauptet, das DDR-Volkseigentum sei nur eine ideologisch verbrämte Bezeichnung für Staatseigentum gewesen. Dem wäre entgegenzuhalten, dass der Staat gerade das nicht durfte, was Eigentümer dürfen: privatisieren, beleihen, pfänden und private Grundstücke kaufen. Dazu hätte es einer Änderung der Verfassung bedurft, die, wie immer man dazu steht, 1968 in einem Volksentscheid angenommen worden war. Als ich nach der Wende verstehen wollte, weshalb die Ostdeutschen ihr Eigentum so wenig verteidigt haben, bestätigte mir der damalige Präsident des DIW, der Wirtschaftswissenschaftler Lutz Hoffmann: «Der Staat war immer nur wechselnder Verwalter des dem Volke Gehörenden. Es gab keinen ‹Eigentümer Staat›. Alles, was sich volkseigen nannte, war tatsächlich das Eigentum der Bürger der DDR.» Im Interesse des Volkes sollte es vom Staat verwaltet werden.

Es handelte sich also erstmals um eine **juristische Vergesellschaftung**, der aber die politische fehlte. Man gab sich der Illusion hin, mit der Umwidmung des Eigentums erledige sich der Rest im Selbstlauf. Sträflich wurde ignoriert, was sogar im offiziellen Verfassungskommentar vorausgesetzt wurde: «die Mitwirkung an der Leitung der Wirtschaft durch alle Werktätigen». Und weiter: «Die sozialistische Demokratie ist eine notwendige Bedingung für die schöpferische Nutzung und Mehrung des sozialistischen Eigentums.»

In der Praxis aber durften die Werktätigen bestenfalls punktuell in die Planung eingreifen, die wesentlichen Entscheidungen konnten sie weder beeinflussen noch kontrollieren. Die fällte letztlich der *Überstaatsapparat*, die obersten Parteigremien. Auch wenn die Hierarchien flacher und der Umgangston zwischen Betriebsleitern und Arbeitern lockerer war, so standen diese dem lenkenden Apparat nach wie vor entfremdet gegenüber – ohne ernsthaft zu glauben, dass da tatsächlich über *ihr* Eigentum verfügt wurde.

Doch Eigentum verfällt selbst im Sozialismus nicht, wenn die Verfügungsgewalt nicht wahrgenommen wird. Auch wenn in der zentralisierten Produktion kein Eigentümerbewusstsein entstehen und die Eigentümerfunktion *de facto* nicht ausgeübt werden konnte, änderte das *de jure* nichts daran, wem alles gehörte.

Die eher feudalen, bürokratischen Entscheidungsstrukturen wollten die Akteure des demokratischen Aufbruchs von 1989 beseitigen; der Bürger sollte aufgewertet werden, nicht der Staat. Was das Kapital aber ganz anders sah. Seine Vertreter bestanden schon im 1. Staatsvertrag vom Mai 1990 darauf, dass die Volkskammer das auf dem Volkseigentum lastende Pfändungs-, Belastungs- und Veräußerungsverbot aufhebt und so das unvollkommene sozialistische Eigentum in vollkommenes kapitalistisches Staatseigentum verwandelt. Was diese mit Gesetz vom 28.6.1990 auch brav tat. Der erste Akt der ersten und letzten frei gewählten Volkskammer war die **Enteignung des Volkes**.

Im Glauben, es hätte ja im Realsozialismus nur Staatseigentum gegeben, fiel es auch den meisten frustrierten Bürgern nicht schwer, dieses Eigentum nun einem anderen, für ökonomisch fähiger gehaltenen Staat zu überlassen. Nach Möglichkeit sollte für jeden «ein verbrieftes Anteilsrecht am volkseigenen Vermögen eingeräumt werden». Eine Beruhigungspille, die sich bald als Placebo herausstellte. Der SPD-Politiker Rudolf Dressler sprach von einer «schlimmen Unterlassung»: «Denn nach der staatlichen Einheit bestand die klare, historisch einmalige Chance, formales Volksvermögen in breit gestreutes Eigentum an Produktivkapital umzuwandeln, die Ostdeutschen zu Miteigentümern sanierter Unternehmen zu machen.»

Die Mehrheit der Ostdeutschen hat die eigenen staatlichen Verfüger zum Teufel gejagt – allerdings nicht, um ihr Eigentum endlich selbst in die Hand zu nehmen, was tatsächlich revolutionär gewesen wäre, sondern um ganz darauf zu verzichten. Die Rückkehr zum Staats- und Privateigentum war nicht nur restaurativ, hier ist mehr Pathos geboten: Sie war konterrevolutionä

In den im Osten durchgesetzten Sozialisierungen, die die Unternehmer mit Hilfe der Westalliierten in der Bundesrepublik so erfolgreich verhindern konnten, sahen die Kapitaleigner immer das eigentliche Unrecht. Weil eben gegen die privilegierende Eigentumsgarantie des Römischen Rechts verstoßen worden war. Bodenreform und Enteignungen von NS-Belasteten wurden grundsätzlich, nicht im unrechtmäßigen Einzelfall, als Instrumente des Klassenkampfes angesehen. Das Volkseigentum galt als gestohlenes Privateigentum. Doch rauben heißt nicht soziale, sondern privare. Verschwiegen wird, dass gerade das Privateigentum einst seinen legalen, aber nicht legitimen Ursprung in geraubtem Gemeinschaftseigentum hatte. In ganz Osteuropa griff nach 1989 kein demokratisches Mittel, um den, durch rechtliche Umwidmung betriebenen, neuerlichen Raubzug zu stoppen. Diese für viele himmelschreiende Ungerechtigkeit später durch Wahlen zu korrigieren, verbot die herrschende Rechtsauffassung.

Der spürbarste Beleg für die Wiedereinführung des Römischen Rechts war der sofort ausbrechende **Immobilienkrieg.** Das als genetischer Fehler der Einheit beschriebene Prinzip *Rückgabe vor Entschädigung* hat bestätigt, dass eine Vorkriegs-Urkunde über Eigentum wieder mehr zählt als jahrzehntelanger Besitz. Auch mehr als eine Urkunde, die das Ergebnis der beginnenden demokratischen Umwälzung in der DDR war. Die frei gewählte Volkskammer hatte nahezu einstimmig ein Gesetz beschlossen, wonach die im bürgerlichen Recht unübliche Trennung von Haus- und Grundbesitz aufgehoben wurde und die Hausbesitzer nun auch den bislang volkseigenen Boden rund um ihr Haus zu den geltenden Preisen kaufen konnten. Eine von der westdeutschen Ministerialbürokratie erlassene, rückwirkende Stichtagsregelung wischte diesen basisdemokratischen Willen vom Tisch und schrieb die Benachteiligung der Ostdeutschen für Generationen fort.

Durch das Vermögensgesetz sah sich die ostdeutsche Bevölkerung mit 2,2 Millionen Forderungen auf Rückgabe von Wohn- und Wochenendgrundstücken konfrontiert, vorzugsweise von Menschen oder Institutionen, die die DDR verlassen und im Westen bereits eine zeitgemäße Entschädigung für ihre zurückgelassenen Häuser bekommen hatten. Dabei bezog sich ein Restitutionsantrag oft auf mehr als ein Grundstück, nämlich auf Straßenzüge, Ortsteile, Dörfer, ja, ein Freiherr wollte eine ganze Stadt: Putbus. In der Einheitseuphorie wäre ein Lastenausgleich mit symbolischen Gerechtigkeitsgesten eine mehrheitsfähige Lösung gewesen. Stattdessen entschied der westliche Gesetzgeber eigentumsdogmatisch und parteiisch: Rückgabe. Wer in eine ihm übergebene Immobilie seit zwei Generationen investiert, sie in vielen Fällen auch erworben, sie jedenfalls genutzt und erhalten hatte, sah sich von Vertreibung bedroht.

Allein der Keim von Vergesellschaftung hat der westlichen Elite immer eine Gänsehaut bereitet. Deshalb waren die Volkseigenen Betriebe das Erste, was im Vereinigungsprozess abgewickelt werden musste. Das östliche

Volkseigentum war so unverdaulich, weil es an die unverjährte **Option von Gemeineigentum** im Grundgesetz erinnerte. Und diese an die Systemfrage rührende Konsequenz war das Letzte, was die Treuhand, nämlich der Handlanger des mittels Finanz- und Wirtschaftsministeriums operierenden Kapitals, 1989 auf dem Schirm hatte.

Weshalb darf es in der Bundesrepublik ums Verrecken kein Volkseigentum, oder sagen wir: Gemeineigentum, geben? Nicht einmal der Staatshaushalt darf dem ganzen Staatsvolk gehören, den hat sich der Staatsapparat kraft seiner Eigenschaft als juristische Person unter den Nagel gerissen. Das Finanzvermögen des Gemeinwesens ist von der Herrschafts- und Nutzungsmacht der Öffentlichkeit ausgeklammert, es unterliegt der privatrechtlichen Verfügung der Ministerialbürokratie. Die Bürger als Schöpfer aller Werte haben sich da herauszuhalten. Schließlich agiert der Staat hierzulande wie ein privatwirtschaftliches Unternehmen. Wir sind also zurückgefallen auf den Staat, den Engels als «kapitalistische Maschine» gegeißelt hatte, in dem das Kapitalverhältnis nicht aufgehoben, sondern auf die Spitze getrieben wird. Staatseigentum bleibt im Kapitalismus kapitalistisches Eigentum.

Ob der Staat auf dem Markt den Profit genauso maximiert wie alle das Gemeinwohl missachtenden Konzerne, hält er gern im Dunkeln. In den Jahren des wirtschaftlichen Aufschwungs und der Systemkonkurrenz geißelte die reine Lehre der Marktwirtschaft das Staatseigentum als unrentabel, weil es als «entwertetes Kapital» zu viel Sozialleistungen verteile und so nicht auf die gleiche Profitrate käme. In Wahrheit hat die Unrentabilität ganz andere Gründe, wir haben von Anfang an einen Apparat vor uns, der die Umverteilung im Monopolinteresse steuert.

Wie das funktioniert? Eine Analyse der österreichischen Alfred-Klahr-Gesellschaft hat ergeben, dass von 1970 bis 1982, in der sozialdemokratischen Ära von Bruno Kreisky, verstaatlichte Unternehmen aus Gefälligkeit etwa 350 Milliarden Schilling an Privatfirmen durchgereicht haben: durch erhöhte Preise beim Materialkauf, durch Rohstofflieferungen zu billigeren Preisen als auf dem Weltmarkt, durch vergünstigte Tarife für Energie und Transport oder Investitionen, die zum größeren Teil der Privatwirtschaft zugutekamen.

Was legitimiert den bürgerlichen Staat eigentlich, mit den von der Allgemeinheit geschaffenen Werten das Allgemeinwohl so zu vernachlässigen? Wer, zum Teufel, sind die Leute, die mit Staatseigentum umgehen, als gehörte es ihnen? Absolutistische Potentaten gaben noch unumwunden zu: Der Staat – das bin ich. Auch heute gilt: Enteignet wird sowieso, fragt sich nur, wer. Umverteilt wird sowieso, fragt sich nur, zu wessen Gunsten. Der Staat garantiert, dass Gewinne privatisiert und Verluste sozialisiert werden.

Laut Forsa sind 84 Prozent der Deutschen gegen Privatisierungen, dennoch hat ihr Staat von 1991 bis 2007 zwei Drittel seiner großen Beteiligungen verscherbelt: Post, Telekom, Lufthansa und vieles mehr. Ganz nach dem Dogma des Washington Consensus sollte dies ein Beitrag zur Modernisierung, Entbürokratisierung und finanziellen Stärkung «unseres Staatswesens» sein. Ergebnis: das Ansteigen der Staatsschulden auf über zwei Billionen Euro.

Die angebliche Unrentabilität von gemeinschaftlich genutztem Eigentum ist inzwischen von vielen Studien widerlegt. Im angesehenen Lafayette College in Pennsylvania erlebte ich staunende Studenten bei einem Vortrag von Elinor Ostrom. Sie hatte 2009 als erste Frau den Nobelpreis für Wirtschaft bekommen. Ihre weltweite Analyse hat ergeben, dass gemeinschaftlich genutztes Eigentum lokaler Kooperationen effektiver verwaltet werden kann als privates oder staatliches Eigentum, wenn bestimmte Regeln der **Selbstorganisation** beachtet werden. Man darf getrost davon ausgehen, dass sich solche Erkenntnisse nicht mehr verheimlichen lassen, selbst in den Entwicklungsländern nicht.

Da auch das Eigentumsrecht weitgehend globalisiert ist, kommen wir nicht weiter, wenn wir nur den Immobilienkrieg vor der eigenen Haustür wahrnehmen. Das Landgrabbing in der Dritten Welt nimmt nicht nur noch ganz andere existenzielle Ausmaße an. Seine indirekt auch auf dem Römischen Recht basierende Legalität wird von der naturrechtlich geprägten Bevölkerung viel stärker in Zweifel gezogen. Das führt zu kreativen Protestformen, die auch dem Westen viel zu sagen haben. Deshalb sei ein Abstecher auf einen anderen Kontinent nicht als Abweichung vom Thema verstanden:

Als das Weltsozialforum 2007 erstmalig in Afrika, in Kenias Hauptstadt Nairobi, stattfand, machte ich während der Eröffnungsrede im Uhuru Park eine erstaunliche Beobachtung: Die Menge ergriff ein plötzliches Verstummen, viele glaubten, sich verhört zu haben, manche hatten Tränen in den Augen: Der Italiener Flavio Lotti hatte sich vor Tausenden Zuhörern dafür entschuldigt, was die Europäer Afrika angetan haben. Und durch den Knebel des Geldes weiterhin antun. Sie gäben Millionen für die Aufrüstung des Kontinents aus, statt sich um dessen Entwicklung zu kümmern. Alle Menschenrechte für alle, forderte er. Und, folgerichtig: eine globale Revolution gegen den Kapitalismus. Begeisterte Sprechchöre bestätigten den Redner: Down with capitalism, down.

Der Neoliberalismus habe uns den Traum von der **Demokratisierung der Wirtschaft** abgeschminkt, das sei very fundamental, hörte man immer wieder in den Debatten zu Eigentumsfragen, die letztlich im Zentrum des Forums standen. Von den 850 Millionen Einwohnern Afrikas haben 800 Millionen keine Stimme, um eigene Interessen zu vertreten. Zwei Drittel der Kenianer leben unter der Armutsgrenze von einem Dollar pro Tag. Dafür sind alle Mitglieder des Parlaments Millionäre. Ihre Regierungsgebäude liegen in der eindrucksvollen Downtown mit ihren gläsernen Hochhäusern, Shopping-Malls, Bars und Diskotheken. Von den etwa vier Millionen Bewohnern Nairobis leben fast 60 Prozent in Slums, davon eine Million in Kibera, dem größten Slum Afrikas. Beim Marsch der Forumsteilnehmer durch dieses Asyl der

Trostlosigkeit stimmten überraschte Bewohner in die Chöre ein: Down with neocolonialism, down. Viva solidarity, viva.

Armut gilt auch als Missachtung der Schöpfung, da doch vor Gott alle gleich sind. Die Kirche verbreitet in Afrika wie in Lateinamerika Argumente, die in Europa der Linken vorbehalten sind. «Schulden bedeuten Armut, Schulden bedeuten Sklaverei! Ihre Bezahlung abzulehnen, ist rechtmäßig», mahnte der katholische Verein für ökonomische Gerechtigkeit. In einem Workshop war die Empörung darüber heftig, dass Kenia für die von den USA ursprünglich geborgten 17 Milliarden Dollar schon 51 Milliarden zurückgezahlt hat, ohne damit etwa schuldenfrei zu sein. Sambias früherer Präsident Kenneth Kaunda mahnte: «Brüder und Schwestern, es genügt nicht, die Unabhängigkeit zu erringen, wenn man nicht auch politische und soziale Rechte erkämpft.» Der Kampf gegen Apartheid hänge von der Anstrengung jedes Menschen ab. Seine Erinnerung an das Schicksal Lumumbas mochte freilich nicht für jeden anspornend sein.

In einem großen Zelt des von den Chinesen gebauten Sportzentrums Kasarani, in dem sich einige hundert Schwarze zum Gebet erhoben hatten, waren Weiße nur vereinzelt zu sehen. Neugierig versuchte ich zu verstehen, was vorging. Eine Frau wurde von einem improvisierten Gericht aufgefordert zu bezeugen, was ihr geschehen sei:

Die Polizei kam, um mich und meine Kinder von meinem Land in Malindi, an der Küste, zu vertreiben. Sie haben uns geschlagen, als wir uns weigerten, die Farm zerstört, meine Bananenbäume, das Haus.

Haben Sie Unterlagen, dass es Ihr Land ist?, fragt der Anwalt.

Ich habe das Land von meinem Vater bekommen, der es von seinem Vater erhielt. Alle Vorfahren sind hier geboren und begraben. Es ist unser Land, weil wir hier leben und es bearbeiten.

Eine Urkunde haben Sie nicht?

Nein.

Was ist mit Ihrem Land geschehen?

Die Regierung hat es an eine ausländische Privatfirma verkauft, die Salz gewinnt, das ganze Ackerland austrocknet und versalzt.

Sind Sie entschädigt worden?

Ich habe diese Peanuts abgelehnt, drei Dollar für einen Obstbaum, der uns ernährt hat.

Wie leben Sie jetzt?

In einem Bretterverschlag ohne Wasser. Ich habe nichts mehr, die Kinder können nicht zur Schule gehen – sie begann zu schluchzen, die Befragung musste abgebrochen werden.

Danach klagte ein Fischer aus Kwale die Regierung an: Er ist mit Bulldozern vertrieben worden, von einem internationalen Bergbauunternehmen, das aus dem *sand of doom* – dem Sand des Verhängnisses – reines Titanium gewinnt. Ohne Auflagen zur Erhaltung der Umwelt. Nachbarn sei es ähnlich ergangen, es gab Exzesse und Vergewaltigungen. Doch der Fischer hält sein kleines Stück Land, auf dem die Eltern begraben sind, besetzt. In der afrikanischen Kultur ist die Vorstellung, dass Tote in ihrer Ruhe gestört und umgebettet werden, unerträglich. Fischen darf er nicht mehr, er hat kein Einkommen. Er bat dieses inszenierte Gericht, ihm zu helfen, sein Land zurückzubekommen.

Der Anwalt der Kläger gegen die Regierung hielt ein bewegendes Plädoyer: Offenbar leiden wir in Kenia noch heute unter den Folgen der Kolonisation. Die Briten haben uns das Land einst weggenommen, nach ihrem Abzug ist es nicht denen, die es seit Generationen bewirtschaftet haben, zurückgegeben, sondern der Regierung überlassen worden. Deren Vertreter behandeln es immer noch wie das Privateigentum ausländischer Mächte, nein, schlechter, denn sie sind korrupt und verschleudern es. Dieses Niemandsland wirkt wie eine Art **anhaltende Apartheid**. Menschen, die protestiert haben, wurden getötet. Wir erfahren nie, wie viel Profit die internationalen Konzerne aus unseren Bodenschätzen ziehen.

Schließlich wurde noch der Rechtswissenschaftler Professor Babu Mathew aus Indien als Zeuge gehört. Wir haben alle die gleichen Probleme, sagte er, während auf einer Leinwand Bilder von zerstörten indischen Dörfern erschienen. Wir brauchen ein neues Recht, das uns nicht fremd ist. Lasst uns das **angelsächsische Recht in den Indischen Ozean kippen**! Das Publikum tobte vor Begeisterung. Wir brauchen kein Recht, das uns unseres Lebensraumes beraubt. Kein Recht, das unqualifizierte Eigentumsübertragungen legalisiert. Wir wollen ein Recht des unkündbaren Besitzes an kommunalem Eigentum, damit wir das Land ohne Angst bewirtschaften und an unsere Kinder weitergeben können. Diese Forderungen ernteten tosenden Beifall. In einigen links regierten Regionen Indiens gäbe es Versuche für eine solche Politik: Wessen Land von der Familie über drei Generationen bearbeitet wurde, bekäme es übertragen.

Daraufhin erhob sich das Gericht, um das Urteil in diesem Protest-Tribunal zu verkünden: Kenia hat ein postkoloniales, westliches Recht geerbt, das im Widerspruch zum praktizierten Gewohnheitsrecht steht. Wir verurteilen die Regierung, den Vertriebenen ihr Land zurückzugeben oder sie auf gleichwertigem Land anzusiedeln und angemessen zu entschädigen. Wir verurteilen sie, langfristige Maßnahmen zu beschließen, um die Investoren zu zwingen, die von ihnen verursachten Zerstörungen der Natur wenigstens zu mildern.

In Kenia habe ich eines begriffen: Die Kernfrage in Afrika ist die anhaltende Akzeptanz der kolonialen Vertreibung der einheimischen Bevölkerung von ihrem angestammten Land. Es kann keine Versöhnung zwischen Schwarzen und Weißen geben, wenn dieses Unrecht tabuisiert wird. Ein Lehrbeispiel ist Simbabwe, von dessen Landreform man dank der hiesigen Medien nur weiß, dass sie chaotisch war und zum Zusammenbruch der Wirtschaft beigetragen hat. Doch diese Version unterschlägt ein paar Details:

Bis 1990 hat es in dem armen Land eine Art Planwirtschaft gegeben. Als die Hilfe des nunmehrigen Irrealsozialismus ausblieb, zwang der IWF zu Liberalisierung und Anpassung, was die Probleme verschlimmerte. In dieser Lage war die vom Parlament zum Gesetz erhobene und in die Verfassung aufgenommene Idee einer **Landreform** naheliegend. Enteignen kann man nur jemanden, dem etwas gehört. Die Großagrarier hatten sich nach afrikanischem leidvollen Wissen das Land einst gewaltsam angeeignet und später oft trickreich für Peanuts erworben. Da dieses Vorgehen nicht als legaler Erwerb akzeptiert wurde, mussten sie bei der Beschlagnahme dieses Landes auch nicht entschädigt werden. Geld erhielten sie für Gebäude und Investitionen. Derart ausgezahlt, hatten etwa 3000 weiße Farmer das Feld zu räumen – das Land wurde unter 150 000 schwarze Neufarmer aufgeteilt.

Der Westen wollte kein unliebsames Exempel, sprach von Aushöhlung rechtsstaatlicher Grundsätze, verhängte eine Wirtschaftsblockade und setzte auch afrikanische Verbündete Simbabwes unter Druck, das Land zu isolieren. 2002 wurde die deutsche Entwicklungszusammenarbeit eingestellt, und dank Tony Blair schloss der *Commonwealth of Nations* Simbabwe 2003 aus. Die Inflationsrate stieg auf 1200 – die Arbeitslosigkeit auf 80 Prozent. Der Satellitenbetreiber Intelsat hängte wegen fehlender Devisen für die Gebühren das Land vom Internet ab – ein Drama nicht nur für die Tabak- und Getreidebauern, die ihre Produkte exportieren wollten. Unter schweren Repressionen machte die einheimische Elite schwere Fehler. Vergab das Land an politische Anhänger und versäumte es, Ersatz für die von den Weißen mitgenommenen Maschinen zu beschaffen, vernachlässigte die landwirtschaftliche Ausbildung der Neufarmer, die heute oft herzlich wenig ernten. Inzwischen wird über die Rückkehr der weißen Farmer auf der Basis einer 99-Jahres-Pacht nachgedacht. Ein demütigendes Armutszeugnis. Vor der Weltöffentlichkeit aber hat sich eine vermeintliche Wahrheit eingeprägt, die zu beweisen war: Wer es wagt, die herrschenden Eigentümer anzutasten, wird sein Land unweigerlich in ein Armenhaus verwandeln.

Sollte die Dritte Welt uns eines Tages aufrollen, wird sie alles moralische Recht dazu haben. Bischof Tutu forderte eine neue Weltordnung. Ob es die ohne die Rückabwicklung der unter dem Schutz des Römischen Rechts erfolgten Landnahmen und feindlicher Übernahmen je geben wird, wagte niemand zu fragen. Solange die Gegner dieser Art von Globalisierung hierzu keine Position beziehen, werden sie im Unverbindlichen steckenbleiben. Und in Davos, beim Weltwirtschaftsforum, niemanden stören.

Denn das Rechtsdenken ist auch an den juristischen Fakultäten des Westens wie in Stein gemeißelt. Die Rechtswissenschaftler Claudio Franzius und Ulrich K. Preuß bezeichneten in den eher links orientierten *Blättern für deutsche und internationale Politik* (11, 2012) das Römische Recht als «die vielleicht bedeutendste Quelle der europäischen Zivilisation».

Und in gewisser Weise stimmt es ja auch: Es hat tief

verwurzelte Traditionen über den Haufen geworfen: das Stammesrecht, das Gewohnheitsrecht, das Naturrecht. Das Römische Recht ist die **Scharia der weißen Eigentümer**. Diesen Fundamentalismus zu unterbinden, steht in den Entwicklungsländern genauso an wie im Ruhrgebiet.

4. WIE WIRD GEHERRSCHT?

Die Bereicherungsmaschine der unsichtbaren Clans

> Politik kann man in diesem Land definieren als die Durchsetzung wirtschaftlicher Interessen mit Hilfe der Gesetzgebung.
>
> *Kurt Tucholsky, 1919*

Wir sehen uns geradezu einer Perversion ausgesetzt: Mit der Finanzkrise ist nicht etwa das Bedürfnis gewachsen, Leuten mit anderen Konzepten an die Macht zu verhelfen, sondern im Gegenteil. Jetzt müssen die ran, die bei den dunklen Finanzen noch durchblicken. Rausführen aus der Hölle können angeblich nur die, die reingeführt haben. Selbst wenn sie die Völker durch die unzumutbarsten Sparbeschlüsse knebeln, glaubt man ihnen, dass sie uns nicht noch tiefer ins Dunkel führen. Vor lauter Schulden sieht man den Schuldenschnitt nicht. Denn dieser Schnitt würde andere Leute treffen als das Sparen. Und diese Leute haben alles Recht der Welt auf ihrer Seite. Und dazu die bessere Lobby. Noch nie waren so viel Banker an der Regierung wie heute.

In der Arte-Dokumentation «Eine Bank lenkt die Welt» (17.10.2012) ging es um die mächtigste Bank von allen: Goldman Sachs. Dieses systemisch bedeutsame, weltweit operierende Investment- und Wertpapierunternehmen hat sich nie mit Privatkunden abgegeben, nur mit Konzernen. Als Staat im Staate wird die Bank beschrieben, aber man fragt sich am Ende des Films, ob nicht die Bank ein Staat über dem Staat ist. Oder gar: Ist der Staat nur noch ein Staat in der Bank? Denn verschuldete Staaten werden zu leichter Beute der Banken. Und gibt es irgendeinen Staat, der nicht verschuldet ist?

Die Verfilzung von Banken und Politik wird nirgends deutlicher als in der Personnage: Der heutige Präsident der Europäischen Zentralbank, *Mario Draghi*, war zuvor Vizepräsident von Goldman Sachs. In welcher Funktion auch immer ist er als Mitglied der von der Rockefeller-Stiftung gegründeten exklusiven *Group of Thirty* Lobbyist der Finanzwirtschaft. Der einstige internationale Berater von Goldman Sachs, *Mario Monti*, wurde von der Wallstreet gelobt, wie er als Ministerpräsident von Italien mit seinem Sparpaket den Arbeitsmarkt, das Renten- und Steuersystem bankfreundlich umgekrempelt hat. *Peter Sutherland*, einst Generalstaatsanwalt von Irland, dann EU-Kommissar und erster Generaldirektor der Welthandelsorganisation WTO, kümmert sich heute im Vorsitz von Goldman Sachs International auch um die ökonomischen Angelegenheiten des Papstes. *Alexander Dibelius* schließlich, Vorsitzender von Goldman Sachs Deutschland und halb Osteuropas, ist gleichzeitig finanzpolitischer Berater von Angela Merkel. Er ist Spezialist für die sogenannte Privatisierung von Staatseigentum. Als solcher konnte er seiner Bank beim Beschaffen von Rettungsschirmen behilflich sein. Er ist gegen Grenzen für Gehälter und Bonuszahlungen an Banker und fiel im Januar 2010 bei einem Vortrag in einer Management School mit der Bemerkung auf: «Banken … haben keine Verpflichtung, das Gemeinwohl zu fördern.»

Zentrale Figur der Wallstreet aber ist *Robert Rubin*, der fast dreißig Jahre in leitenden Funktionen für Goldman Sachs gearbeitet hat, zuletzt als Vorstandsvorsitzender. Als Berater von Außenministerin Albright machte er sich dafür stark, dass die USA in der UNO ihr Veto gegen die Wiederwahl des damaligen UN-Generalsekretärs *Boutros Ghali* einlegten. Dieser weltweit anerkannte Ägypter hatte nicht nach der amerikanischen Pfeife getanzt, sondern zu viel Engagement für die Dritte Welt gezeigt, die USA wegen ihrer ausstehenden Pflichtbeiträge zum UN-Haushalt gerügt, präventive Diplomatie den kostspieligen UN-Blauhelmeinsätzen vorgezogen und kein grünes Licht für die Bomben auf Serbien gegeben. Das war nicht im Interesse der Wallstreet, Ghali konnte sein Amt nicht fortsetzen.

Als Finanzminister unter *Bill Clinton* hat Rubin schließlich das vernünftige, weil bankenregulierende **Gesetz zur Trennung von Kredit- und Investmentbanken** aufgehoben. Dadurch konnten zwei Großbanken zur Citigroup verschmelzen. Nach seiner Amtszeit als Minister bekam Robert Rubin praktischerweise just von dieser Bank einen Beratervertrag über 126 Millionen Dollar (*New York Times*, 9.1.2009). In der Tat: Was ist ein Einbruch in eine Bank gegen die Beratung einer selbstgegründeten Bank.

Die Beratungssumme wurde auch nicht zurückgefordert, als sich herausstellte, dass Rubin hochriskante Papiere angeraten hatte und die Bank einen Fehler nach dem anderen machte. Wodurch sie von der Finanzkrise schwer getroffen wurde, mit angeblich 65 Milliarden Dollar Verlust. Was die Wirtschaftsdepression verstärkte und zigtausend Menschen arbeitslos machte. Aber ein Gesetz, mit dem Verantwortliche, die sich selbst an dem Vorgang bereichert haben, für dessen Folgen haftbar gemacht werden könnten, gibt es nirgends. Bestenfalls folgenlose Untersuchungsausschüsse. Es genügte, dass Rubin sein Bedauern darüber äußerte, dass er, obwohl so lange im Geschäft, die Gefahr nicht ernsthaft vorhergesehen hat. Heute gehört Robert Rubin zum engsten Kreis der wirtschaftspolitischen Berater von Präsident *Barack Obama*.

Vorstandsvorsitzender der Citigroup-Bank wurde nach Rubins Ausscheiden *Richard D. Parson*, der wiederum zuvor Chairman von Time Warner war, damals einer der größten Medienriesen der Welt. Die Meinungsführerschaft verteidigt der Konzern bis heute mit den Plattformen America online, Netscape, dem Time Magazine und dem Money Magazine. Doch die meisten Menschen bilden sich ihre **politische Meinung durch das Fernsehen**. Mit seinem Nachrichtensender CNN erreicht Time Warner rund um die Uhr 212 Länder – in allen wichtigen Sprachen. In Deutschland ist «n-tv» ein Ableger des Senders. CNN verbreitet die nordamerikanische Sicht auf die Welt. Und die anderen privaten Fernsehsender, selbst die öffentlich-rechtlichen, werden diesem Profil immer ähnlicher. Es gibt eine generelle Tendenz zu gefilterter Information und unpolitischer Unterhaltung. Die Citigroup-Bank holte Parson von Time Warner wegen seiner «exzellenten Beziehungen zur Wallstreet». Womit klar wurde, was sowieso naheliegt: Die Wallstreet unterhält beste Beziehungen zu den genehmen Massenmedien. Genauer gesagt: Wer Geld haben will, muss der Finanzwirtschaft genehm sein.

Der Kritik an dieser überschaubaren Gruppe herrschender Clans wird gemeinhin entgegen gehalten, es sei doch in Ordnung, wenn die fähigsten Leute zwischen Wirtschaft und Politik wechseln, weil sie dann von beidem etwas verstünden und die kompetentesten Entscheidungen treffen könnten. Das wiederum ist nicht zu bestreiten – die ganze Kompetenz steht aber im Dienst der **Bereicherungsmaschine ebendieser Clans**. Diese Personalunionen sind gerade wegen ihrer demonstrativen Unverhülltheit so provokant. Wer sich die Gesetze selber schreibt, muss keine Rücksichten mehr nehmen.

Die Souveränität liegt beim Kapital. Das hat sich diesen **Staatsstreich** gekauft. Zum Schnäppchenpreis – enorm gewinnbringend. Doch zum Kauf gehören immer zwei. Für diesen Deal mit einer elitären Clique hatten die Politiker kein Mandat. Das heißt, sie haben ihr freies Mandat dafür missbraucht. Ihr Gewissen, dieses Seelchen, stand ihnen dabei offensichtlich nicht im Wege. Es scheint doch ein zu schwaches Organ zu sein, als dass man es mit so viel Verantwortung allein lassen könnte. Im nächsten Kapitel wird folgerichtig darüber nachzudenken sein, ob die freien Mandate nicht abgewirtschaftet haben. Ob man sie nicht ganz oder teilweise zu gebundenen Mandaten machen müsste.

Hätte eine andere Politik den fortschreitenden Niedergang dessen, was hundertfünfzig Jahre Arbeiterbewegung erkämpft hat, aufhalten können? Sind daran nicht vielmehr die Bankiers schuld? Nein, in keiner Weise. Für die Bewahrung des Sozialstaates ist zu hundert Prozent die Politik zuständig und zu null Prozent die sich an die Gesetze haltende Wirtschaft. Und offenbar hat sich die Finanzwirtschaft an die Gesetze gehalten, sonst hätten ihre Vertreter für die in der Krise entstandenen Billionenschäden doch reihenweise verurteilt werden müssen. Wenn ein Bankier oder Unternehmer sein Grundrecht wahrnimmt, alles zu tun, was nicht verboten ist, kann dies nicht unter Moralvorbehalt gestellt werden. Moral kostet, und Kosten sind bei Strafe des Untergangs zu vermeiden – das ist das Wesen des Kapitalismus.

Hochachtung vor den wenigen, die ihre Moral über das Risiko des Untergangs stellen. Wie ein kleiner Familienbetrieb in der Toskana, der Kühlanlagen herstellende Morellato Termotecnica. Ein lukrativer Auftrag des Großunternehmers WAAS hätte die 30 Beschäftigten aus der Existenznot führen können. Aber die gewünschte Kühlanlage war für eine Wanne vorgesehen, in der Torpedos getestet werden, um sie dann rund um den Erdball zu verkaufen. Fast die gesamte Belegschaft stimmte gegen den Auftrag (*ND*, 26.7.2012). Mögen sie durch ein gütiges Geschick vor der erbarmungslosen Logik bewahrt bleiben: Auch wenn sie noch so nette Leute sind, Unternehmer müssen skrupellos dem Profit nachjagen. Sonst kommt die skrupellose Konkurrenz, und dann sind die netten Leute die längste Zeit nett gewesen. Der Unternehmer darf und kann nur die Pflichten erfüllen, die ihm und seinen Konkurrenten vom Gesetz auferlegt sind.

Diesen selbstzerstörerischen Mechanismus müsste das Parlament erkennen und als angeblicher Souverän mit Hilfe der Gesetzgebung einen Riegel vorschieben. Wenn die Politik das aber nicht macht, weil die Selbstzerstörung schon auf sie übergegriffen hat, ja, dann ist es zappenduster. Wenn die Wirtschaft ein Erpressungspotenzial hat und ihre Spielregeln selbst bestimmt, so nur, weil die Parlamente nicht in der Lage sind, jenen Riegel an der richtigen Stelle einzusetzen.

Die Repräsentanten verabschieden Gesetze, mit denen sie auch die Idee verabschieden, ihre Wähler zu repräsentieren. Sie repräsentieren nicht den vermeintlichen Souverän, sondern die, die die Bedingungen diktieren, also den eigentlichen Souverän. Das ist eine global korrumpierte Elite, Vermögende und deren nicht gewählte Bürokratie, die ihre an Einfluss reiche Macht verteidigt, indem sie zu immer verschärfteren Mitteln greift: zu ideologischem Extremismus wie zu massiver Wahlmanipulation, zu privaten Söldnern wie zu sich verselbständigt habenden Geheimdiensten, zur Übergabe der Sicherheitspolitik an die Rüstungsindustrie wie zur wiederbelebten Sklavenhaltergesellschaft in den einstigen Kolonien.

Die **Risikogesellschaft** zeichnet sich eben nicht durch diffuse Unerkennbarkeit, die zu «Niemandsherrschaft» führt, aus, sondern durch die dreiste Herrschaft der am Risiko Schuldigen. Es triumphiert der bestorganisierte Eigennutz. Die Nebelkerzen im Dienste angeblich undurchschaubarer Komplexität sind letztlich Ausdruck mangelnder geistiger Durchdringung. Es gilt, die zweifellos kompliziert vernetzten Ursachen und Wirkungen, Abhängigkeiten und Herrschaftsmechanismen bis auf das hässliche Gerippe der Interessen zu entblößen. Was durchdacht ist, ist immer einfach.

Nicht alles, was einfach ist, kann allerdings für sich beanspruchen, durchdacht zu sein. Bevor aus den eigenen Thesen weitreichende Schlussfolgerungen gezogen werden, sollen im Folgenden noch einmal honorige Denker und Praktiker in den Zeugenstand gerufen werden. Die mitunter gerade deshalb respektvoll in den Olymp abgeschoben wurden, um ihre radikale Kritik nicht mehr wahrnehmen zu müssen.

Ich sage: Nicht nur der Kapitalismus ist am Ende, sondern mit ihm das politische System, das ihn nicht bremsen kann. Nicht einmal, wenn die Kapitaleigner nun selbst flehentlich danach rufen. Diese Rufer haben beim Aufkauf des Staates am Zauberwort gespart: «In die Ecke, Besen! Besen! Seids gewesen.» Seit dem Untergang des Konkurrenzsystems gibt es keinen «alten Meister» mehr, der ein Machtwort sprechen könnte. Nicht eine schicksalhafte Globalisierung hat den zügellosen Kapitalismus ermöglicht, sondern die repräsentative Demokratie, deren **strukturelle Unfähigkeit, das Primat der Wirtschaft zu verhindern**, immer offenkundiger wird. Es gibt derzeit kein politisches System, das dem Kapitalismus Grenzen setzen kann. Würde sich ein solches entwickeln, wäre es nur überlebensfähig, wenn es den Kapitalismus derart begrenzte, dass er keiner mehr wäre.

Das marxistische Lager ist für seine Kritik an der bürgerlichen Demokratie, die ihm als rein formal galt, immer heftig angegriffen worden. Bleiben wir also bei den bürgerlichen Kronzeugen selbst und, um die Sache zu beschleunigen, auch nur bei einigen aus jüngerer Geschichte. Wer könnte mehr Einblick in die Mechanismen der Macht haben als ein Präsident aus dem Musterland der Demokratie. Nach der Hälfte seiner Amtszeit und trotz manchem Sieg zugunsten des Gemeinwohls kam US-Präsident Theodore Roosevelt 1906 zu dem Schluss: «Hinter dem, was wir für die Regierung halten, thront im Verborgenen eine Regierung ohne jede Bindung an und ohne jede Verantwortung für das Volk. Die **Vernichtung dieser unsichtbaren Regierung** und Zerschlagung der unheiligen Allianz von korrupter Wirtschaft und korrupter Politik ist die entscheidende politische Herausforderung dieser Zeit.» (The Social and Political Thought of American Progressivism, Indianapolis 2006, S. 274)

Die repräsentative Demokratie hat diese Herausforderung nie bewältigt. Erinnern wir uns an den Fabrikantensohn und späteren Harvard-Professor für Ökonomie, Joseph Schumpeter, und sein 1942 erschienenes Hauptwerk «Capitalism, Socialism and Democracy». Demokratie ist für ihn ein System, in dem Eliten um die Macht kämpfen. Um dafür in regelmäßigen Abständen Wähler zu gewinnen, müssen die Menschen getäuscht werden, und zwar in einem Ausmaß, das nicht wiedergutzumachenden Schaden anrichtet. Er hielt daher den Kapitalismus nicht für überlebensfähig.

Nach 1945 schien sich diese Prognose nicht zu bewahrheiten. Erstmalig gelang es dem zur Marktwirtschaft geschönten Kapitalismus, den Lebensstandard großer Teile der Bevölkerung in nie gekannter Weise zu erhöhen. Warum gerade in dieser schweren Nachkriegszeit? Durch die Ausbreitung des sozialistischen Weltsystems, die eroberte Unabhängigkeit der Kolonien und die Gründung einer UNO, die erstmalig das Soziale in den Rang von Menschenrechten erhob, war ein vollkommen neues Machtgefüge entstanden. Die Sorge, der Besitzstände missachtende Kommunismus könne sich von der Sowjetunion und China über ganz Asien ausbreiten, von Osteuropa über Westeuropa, von Kuba über Amerika, zwang das im Verborgenen regierende Kapital, seine zweifellos enorme Innovationskraft in den Konkurrenzkampf der Systeme zu stecken. Also in bessere Lebensqualität für seine Bürger. Die **Angst um den Verlust des eigenen Systems** war der einzige Zügel, auf den das Kapital je reagiert hat. (Da ich diese These in meinem letzten Buch, «Wehe dem Sieger», ausführlich belegt habe, lasse ich sie hier ungeschützt im Raum stehen.) Jenseits dieser Angst ist der Kapitalismus nicht zu zivilisieren.

Mit dem Schwächerwerden und schließlichen Niedergang des Konkurrenzsystems wagte sich das Kapital aus dem Verborgenen wieder hervor und zog auch den Schleier über dem Geburtsfehler der repräsentativen Demokratie wieder weg: Hervor kam die bekannte, früh kritisierte Regierungsform, weitgehend jenseits von Verantwortung für das Volk. Wenn führende Philosophen und Wissenschaftler des Landes heute von «Fassadendemokratie», von «simulativer Demokratie» oder «globaler Demokratieverdrossenheit» sprechen, findet sich kein Politiker mehr, der da noch widersprechen würde. Stattdessen wird eingeräumt, die Politik müsse sich wieder selbst ermächtigen.

Jene Politik also, die seit Jahren eifrig an ihrer Selbstentmachtung gearbeitet hat. Diejenigen, die heute Politiker und zum Dank morgen Banker sind, haben diese Macht nicht etwa unters Volk verteilt, wo sie hingehören würde, sondern wiederum unter Banker und Konzernchefs, die an dieser Macht nun trotzig festhalten. Weil es gewinnbringend ist, die eigenen Interessen gegenüber einer Politik durchsetzen zu können, die mangels genügendem Haushaltsgeld erpressbar geworden ist. In Deutschland und Frankreich ist die Bilanzsumme der Banken mehr als dreimal so groß wie die Leistung der jeweiligen Volkswirtschaft. In England ist sie fünf-, in der Schweiz sechsmal so hoch.

Schlimmer noch als der Verlust der Finanzhoheit ist der Verlust an Vertrauenshoheit. Wenn über 80 Prozent der Bürger die Parlamentarier mit den Maßnahmen gegen die Krise und vielem anderen für überfordert halten und genauso viele Abgeordnete selbst einräumen, sich ohnmächtig zu fühlen – woher soll dann Akzeptanz kommen? Wenn die paar Volksvertreter als Repräsentanten des ganzen Volkes nicht mehr anerkannt werden, hat nicht nur die Legislative, sondern die ganze **repräsentative Demokratie keine Legitimität** mehr.

Der Kapitalismus muss von außen moralisch gezügelt werden, von sich aus ist er fundamental amoralisch, da sein Teufel immer auf den größten Haufen scheißt. Geld heckt Geld, das Ergebnis ist Ungerechtigkeit. Die Politik aber ist entmachtet. Keine Bank wurde zerschlagen, kaum eins der hochgiftigen Finanzprodukte und spekulativen Derivate verboten. Solange die Banken wissen, dass ihre Verluste von den Zins- und Steuerzahlern übernommen werden, spekulieren sie weiter. Es herrscht Generalhaftung der Bürger für die Banken, sie werden immer mehr zu **Untertanen des Finanzadels**. Der Staat hat sich rückhaltlos in die Dienste von Sonderinteressen nehmen lassen. Die 90 Prozent der Bürger, die jetzt durch ihre Zinsbelastung den Wohlstand des reichen Zehntels sichern, können lange warten, wenn sie darauf hoffen, der Staat werde eine gerechte Neuverteilung des Vermögens in Angriff nehmen.

Da in den USA manche Zahlen transparenter sind, möge ein Beispiel genügen, um uns vor Augen zu halten, wovon die Rede ist: Das durchschnittliche Einkommen der zehn höchstbezahlten Firmenchefs betrug 1981 3,5 Millionen Dollar pro Jahr. 1988 war es bereits auf

19,3 Millionen gestiegen. Im Jahr 2000 betrug es für jeden von ihnen 154 Millionen Dollar pro Jahr – innerhalb kurzer Zeit ein Anstieg von 4300 Prozent (www.dailyfinance.com). Dieser Finanzadel hat jedes Maß für Anstand verloren.

Demokratie misst sich an den Möglichkeiten der Einflussnahme auf das Gemeinwohl. Gebraucht wird ein **neuer Gesellschaftsvertrag**, der der menschlichen Vernunft verpflichtet ist, nicht dem Finanzkapitalismus. Dazu ist der jetzige Staat nicht gewillt, da er verfilzt ist mit den Finanzkräftigen. Diese Verfilzung ist so beständig, weil sie von den Parteien rechtlich abgesichert ist. Mit dem Kapitalismus wird und soll die jetzige Oligarchie untergehen.

Eine verwirrende Diagnose. Aber auch nicht neu. Rufen wir nun Hannah Arendt und ihren wichtigsten Lehrer in den Zeugenstand. Sie promovierte bekanntlich bei Karl Jaspers, und als dieser 1958 den Friedenspreis des Deutschen Buchhandels bekam, hielt sie die Laudatio. Darin kam sie zu dem Urteil, Jaspers sei «der einzige Nachfolger, den Kant je gehabt hat». Sein 1966 erschienenes Buch «Wohin treibt die Bundesrepublik» fand in der Öffentlichkeit breite Zustimmung, während es von allen Parteien abgelehnt wurde. Kein Wunder – macht er doch die Parteien für den Abbruch der Demokratie verantwortlich und stellt die Staatsstruktur in Frage.

So schreibt er: «Auf die Frage, *ob unser Staat eine Demokratie sei*, pflegt die Antwort selbstverständlich zu sein: Ja, eine parlamentarische Demokratie. Das Grundgesetz bezeugt es: ‹Alle Staatsgewalt geht vom Volke aus.› (Artikel 20) Wie aber sieht das in der Realität aus?», fragt er und beklagt sodann, dass dem Volk keine andere Rolle zugeschrieben sei, als alle vier Jahre die zu wählen, welche die jeweilige Parteienhierarchie bereits vorherbestimmt hat. Dabei werde das Volk nicht zum Denken erzogen, sondern nach den Prinzipien der Reklametechnik als **Konsument von Obrigkeit** disqualifiziert. Mit Propagandamitteln behandele man es als Stimmvieh. Solche Wahlen seien «keine eigentlichen Wahlen, sondern Akklamation zur Parteienoligarchie ...» (S. 131). Die großen Schicksalsfragen gingen nicht an das Volk. Ihre Beantwortung müsse es vielmehr über sich ergehen lassen. Die Wirkung, die tatsächlich vom Volk ausgehe, sei «ungemein gering». «Das Volk kann nicht selber mitregieren ... Die Parteien, die keineswegs der Staat sein sollten, machen sich, entzogen dem Volksleben, selber zum Staat.» Jaspers befand: Die **Parteienoligarchie usurpiert den Staat**. Eine in sich geschlossene Minderheit, die sich selbst zu Politikern, zur Exekutive, ernannt hat, beherrscht die überwältigende Mehrheit des Volkes – so sein hartes Fazit im Vorfeld der 68er-Bewegung.

Der Befund über das Leiden in der Gesellschaft hat sich seit Jaspers insofern verändert, als die Wurzel des Übels heute weniger in der Misswirtschaft der Parteien als in der Misswirtschaft selbst gesehen wird. Haben die Oligarchen gewechselt? Noch einmal der Staatsrechtler Böckenförde: «Wir haben heute weitgehend einen Primat der Wirtschaft. Von der Wirtschaft, genauer den Funktionsgesetzlichkeiten des industriell-wirtschaftlichen Prozesses werden die Bedingungen diktiert, und die politische Organisation muß ihnen entsprechen, weil sie ihrerseits auf den wachsenden Wirtschaftsertrag angewiesen ist, um die allgemein akzeptierten sozialen Staatsaufgaben zu verwirklichen.» (Die verfassungstheoretische Unterscheidung von Staat und Gesellschaft, S. 53)

Heute wird gern so getan, als habe die Politik ihr Primat erst jüngst dem neuen Raubtierkapitalismus überlassen müssen. Doch Böckenförde hat seine Diagnose bereits 1973 gestellt, in den angeblich goldenen Jahren der Bundesrepublik. Schon damals also war klar, dass die Politik nur eine Funktion der Wirtschaft, dass ihr Handlungsspielraum eng ist. Nur dass der Normalbürger das damals nicht als Mangel empfand, da das Wirtschaften aus den beschriebenen Gründen einem Zwang zur sozialen Legitimierung unterlag.

In den Medien aber galt die soziale Marktwirtschaft als Errungenschaft an sich, und es schien wenig Grund zu geben, dieser wohltuenden Botschaft nicht zu glauben. Schon 1975 warnte wiederum Böckenförde vor den Schwierigkeiten, «Machtbegrenzung und Freiheitssicherung im Kommunikations- und Medienbereich zu verwirklichen». Die privatrechtliche Organisation der Medien führe zu einer **«Kumulation von wirtschaftlicher Macht und Kommunikationsmacht»**, da der Zugang zum Meinungsmarkt von «Kapitaleinsätzen ganz erheblichen Ausmaßes» abhänge. Da diese von alternativen Journalisten kaum aufzubringen sind, können die etablierten Medien ungestört von wirkungsmächtiger Gegeninformation weitgehend unter sich bleiben.

Selbst die unerfüllte Forderung nach innerer Pressefreiheit sei nur eine Verlagerung des Problems, denn über den Zugang politisch anders orientierter Redakteure im Kollegium befindet allein der Verleger oder Konzern, in dessen Eigentum sich die Redaktion befindet. Auch die Machtpositionen der Intendanten und Programmdirektoren in den öffentlichen Rundfunk- und Fernsehanstalten unterlägen keiner wirklich demokratischen Kontrolle. Es gebe, so Böckenförde vor vierzig Jahren auf dem rechtspolitischen Kongress der SPD, keine akzeptablen Vorschläge, wie die Pressefreiheit unter der Dominanz von Privateigentum zu sichern sei. Und es gibt sie bis heute nicht. In seiner Amtszeit besuchte der damalige CDU-Bundespräsident Horst Köhler den Presserat und zitierte zur allgemeinen Überraschung Karl Marx: Es ist die erste Freiheit der Presse, «kein Gewerbe zu sein».

Ich finde, Pressefreiheit müsste längst vor allem Fernsehfreiheit sein. Man kann es nur als Absicht werten, wenn ein Unterschichtenfernsehen dominiert, das die von Kant beklagte **selbstverschuldete Unmündigkeit** fortschreibt. Die sogenannten öffentlich-rechtlichen Sender beugen sich in den Hauptsendezeiten aus Marktzwängen und politischem Opportunismus den in der Übermacht befindlichen privaten Mainstreamsendern. Vorwiegend seichte Unterhaltung, politisches Fastfood, blutrünstige Krimis und Thriller zerstreuen das Volk. Gewinnmaximierung verspricht man sich von angeblich Quote bringender Verflachung, nicht von investigativem Journalismus. Die Journalisten dürfen ihr Jagdfieber an Enthüllungsgeschichten abarbeiten, die die Verworfenheit von Personen, nicht die Verwerflichkeit von gesellschaftlichen Kausalitäten bloßlegen.

Der damalige ZDF-Intendant Dieter Stolte sagte (*BZ*, 29.9.1992) den erbarmungslosen Konkurrenzkampf aller öffentlichen und privaten Sender voraus, in dem es darauf ankommt, «den anderen mit jedem Mittel aus dem Markt zu drängen. Damit steht das Medium vor einem fundamentalen Wandel. Es wird nicht mehr von Aspekten der sozialen Kommunikation der Menschen bestimmt, sondern von Gewinngesichtspunkten». Die liberale Utopie der bürgerlichen Gesellschaft hat es weitgehend aufgegeben, den Menschen universale, ethische Ideale vermitteln zu wollen.

Zwar überraschen einen, freilich immer weiter in den späten Abend gerückte, politische Magazine oder Reportagen auf der Mitternachtsschiene gelegentlich mit kritischer Analyse, aufklärende Beiträge von Redakteuren, die nicht aufgegeben haben. Aber sie sind zu marginal, um Oskar Negts These von der «unterschlagenen Wirklichkeit» und die Angst des kritischen Journalismus vor dem Elfmeter zu widerlegen. Nur wenige Autoren haben den Mut, die Vorgaben von Chefredakteuren und Ressortleitern, was sie recherchieren dürfen und was nicht, öffentlich zu beschreiben. Harald Schumann («Medienmagazin»,November 2010) über seinen Weggang vom *Spiegel*: «Ich durfte seit 1999 zu allen Themen der politischen Ökonomie de facto nicht schreiben, zu kritisch, zu links, nicht angepasst genug ... das wurde nicht begründet, sondern ich bekam einfach, wenn ich Themen vorschlug, die Aufträge nicht. Dann konnte ich gar nicht erst anfangen.»

Eine Mitgliederbefragung der IG Medien unter Zeitungsjournalisten hat schon vor 15 Jahren ergeben, dass sich drei Viertel der Redakteure Eingriffen von Verlegern und Chefredakteuren ausgesetzt sehen, weit über die Hälfte außerdem aggressiven Einflussnahmen durch Inserenten, Verbände und Politiker. Leider schreiben diese drei Viertel keine Artikel darüber, wie das genau funktioniert. Kein Wunder, angesichts exzessiver Sparpläne, Entlassungen und Redaktionsschließungen ist **Selbstgleichschaltung** angesagt. Man muss die tiefe Abhängigkeit von Intellektuellen und Künstlern von den sie beschäftigenden Industrien immer mitdenken. Profiliert haben sich die Journalisten, die problemlos auch zu Regierungssprechern werden können.

Die repräsentative Demokratie ist nicht in der Lage, in den Massenmedien eine Pressefreiheit zu garantieren, die mündigen Bürgern eine Stimme gibt. Weil auch die Medien den privaten Besitzverhältnissen unterworfen sind, die Unabhängigkeit nicht zulassen. Eine andere Welt wird nur möglich sein, wenn wir andere Medien haben. Das ist ein ganz entscheidender Schritt bei der Selbstermächtigung der Bürger. «Es wäre naiv anzunehmen, Indoktrination vertrage sich nicht mit Demokratie. Sie ist vielmehr ein Wesenszug der Demokratie», beharrt Noam Chomsky und verweist auf die Fabrikation eines Konsenses durch herrschaftsgerechte Propaganda.

Dem wäre entgegenzuhalten, dass Bürger sich heutzutage über Facebook zu Demokratie-Partys aufrufen, einer Art permanenter Mitgliederversammlung. *Liquidfeedback.org* ist eine Software, mit der politische Entscheidungen online getroffen werden können. Auf *adhocracy.de* kann eine Gemeinschaft über spontan gebildete Expertengruppen, an bürokratischen Apparaten vorbei, Probleme lösen. Große Datenmengen leicht verständlich? Dazu muss man nur *informationisbeautiful.net* aktivieren. Auf *planungszelle.de* werden in einer Art Online-Crowdsourcing Bürgergutachten erstellt. All diese Wunderwerkzeuge entstehen schneller als Theorien darüber, was sie in einer modernen Demokratie bedeuten werden. Es gibt eine Öffentlichkeit wie nie zuvor: *abgeordnetenwatch, Finanzwatch, medienwatch,* Faktencheck. Du sollst nicht falsch Zeugnis reden. Ob Privatmedien, PR-Agenturen und erst recht öffentlich-rechtliche Anstalten, wer beim Lügen erwischt wird, könnte gesellschaftlich geächtet werden.

Gleichzeitig unterliegt der heldenhafte Militär-Analyst Bradley Manning als WikiLeaks-Informant in US-Haft dem foltergleichen Suicide Watch. Das Internet ist auch erbarmungslos, mischt Bodensatz auf: Cybermobbing und shitstorm. Weltweit sind die meistgeklickten Seiten Pornographie. Das Netz ist ein Multiplikator von Manipulation. Virtuelle Massen können technisch geklont und so Abstimmungen gefälscht werden. Eine Front im Bürgerkrieg ist längst die Twitter-Schlacht. Falschmeldungen schlagen wirkungsvoller ein als Granaten, PR-Agenturen verbreiten Desinformation.

Jenseits solcher Aufmerksamkeit haben es basisdemokratische Internetplattformen, deren Betreiber die medialen Defizite satthaben und ihnen mit selbstrecherchierter Gegenöffentlichkeit begegnen wollen, trotz bemerkenswerter Qualität schwer, in der Informationsflut bemerkt zu werden. Dem amerikanischen Vorbild *democracy now* eifern in Deutschland mit erfinderischen, selbstausbeuterischen Mitteln *weltnetz.tv* oder *kontext.tv* nach und fördern Erstaunliches zutage. Doch je mehr Klicks, je teurer wird für den Betreiber ein solches Portal. So stehen die unabhängigen Medienmacher, die zahlungskräftige Werbekunden weder bekommen noch haben wollen, vor dem Dilemma, dass sowohl Erfolg wie auch Misserfolg sie ins finanzielle Aus manövrieren. Leicht ist es mit der informellen Selbstbestimmung also auch im Internet-Zeitalter nicht.

Besonders schwer hat es Gegeninformation in der interessenbestimmten Wirtschaft. Die Theorie etwa, wonach es den Leuten im Land gutgehe, wenn es nur der Wirtschaftselite gutgehe, ist offensichtlich falsch, ohne dass die Politik daraus Schlüsse gezogen hätte. Während das Kapital vor lauter Übermut den Großteil seines Mehrwerts der realen Wirtschaft entzieht und beschützt durch die Schirme der Steuerzahler weiter Roulette spielt, versinken die Staaten in Schulden, und der Wohlstand tröpfelt mitnichten bis unten durch. Da hilft auch keine Zensur des jüngsten Armutsberichtes. Wenn es der Wirtschaft in Deutschland vorerst noch vergleichsweise gutgeht, so trifft dies auf viele Abhängige hierzulande nicht mehr zu, denen eine Politik der Lohnbeschränkung und der prekären Arbeitsverhältnisse auferlegt wurde. Das Kapital ist so gut wie ungestört dabei, die profitablen **Erwerbsbedingungen der Dritten Welt** zu globalisieren.

Die Wirtschaft hat sich nicht nur von den Wählern immer stärker unabhängig gemacht, sondern auch von den Arbeitenden immer stärker emanzipiert. Generalstreik ist verboten, und Streik wirkt nur noch bei Spezialisten wie Fluglotsen und Ärzten. Alle anderen sind durch Roboter, Fernarbeiter oder Leiharbeiter ersetzbar.

Wie die Arbeiter des mittelständischen Familienunternehmens Neupack. Im November 2012 begannen sie den längsten Streik in Hamburgs jüngster Geschichte. Da die Löhne nach Gutsherrenart bezahlt und Urlaub und Zuschüsse willkürlich zugeteilt wurden, stehen sie Wochen lang in drei Schichten vor dem Werkstor. «Ich arbeite im Akkord, habe aber seit 28 Jahren keine Gehaltserhöhung erhalten», sagt ein Packer vor der Kamera. Doch die Verpackungsfirma hat polnische Streikbrecher eingestellt, die nichts von ihrer Instrumentalisierung wussten. Das Arbeitsgericht hält dieses Vorgehen für rechtens, weil die Leiharbeiter befristet eingestellt wurden. Einen Haustarifvertrag lehnt die Firma ab, da sich die an der

Elbchaussee wohnenden Eigentümer das angeblich nicht leisten könnten.

Die Gewerkschaft sagt, das Stoppsignal, das Streik gegenüber der Privatwirtschaft früher setzen konnte, müsse nun vom Gesetzgeber kommen. Dort liege die Macht, die nicht genutzt wird. Warum nicht? Die Ursachen für das Leiden an der Gesellschaft liegen im Zentrum eines Staates, der sich selbst immer mehr der Logik der Privatwirtschaft unterwirft. Diese kontrolliert auch die Staatsschulden – Schulden, die die Bürger drücken, nicht den Staat.

Den Kapitalismus begleitet zwingend der selbstsüchtige Individualismus, der das Gefühl für Zusammengehörigkeit zerfrisst und die Menschen vereinzelt. Jeder ist der Konkurrent des anderen. Ein Freiheitsbegriff, der sich weitgehend aus der ökonomischen Struktur erklärt und von aller Gemeinschaftlichkeit abgelöst ist, bedingt oft Selbstüberforderung. Die strukturelle wirtschaftliche Gewalt demoralisiert zwangsläufig und führt zu Gewalt der Menschen untereinander. Und gegen sich selbst: In der Bundesrepublik leben über zweieinhalb Millionen behandlungsbedürftige Alkoholiker.

Erst in jüngerer Krisenzeit ist der Kapitalismus wieder mit **Wutbürgern** konfrontiert. Oder mit scharfen Verdikten von systemrelevanten Juristen, so von unserem letztmalig aufgerufenen Zeugen, Ernst-Wolfgang Böckenförde. Nach dessen Ansicht krankt der Kapitalismus nicht nur, sondern offenbart «seinen inhumanen Charakter». Sein einziges Ziel sei unbegrenzte Ausdehnung und Bereicherung. Das Gebrechen des Kapitalismus sei nicht in seinen Auswüchsen zu sehen, sondern in seiner Leitidee und deren systembildender Kraft. Deshalb, so Böckenförde, könne die Krankheit auch nicht mit Heilmitteln am Rand beseitigt werden, sondern nur mit **Umkehrung des Ausgangspunktes** (*SZ*, 24. 4. 2009).

Auszusprechen, was das bedeuten könnte, verkneift sich Böckenförde. Vor der letzten Denkkonsequenz schrecken die meisten zurück: Der Kapitalismus kann nur überleben, wenn er aufhört, er selbst zu sein. Aber er hat zweifellos nicht die Absicht aufzuhören und auch keinen Grund, denn er hat die Exekutive und Judikative an seiner Seite – Recht und Staat haben die Aufgabe, die verfehlte Funktionslogik in Gang zu halten. **Recht und Staat müssen umgekehrt werden**.

Dem herrschenden politischen System werden im gesamten Raum der westlichen, repräsentativen Demokratie bestürzende Zeugnisse ausgestellt. Holen wir den führenden italienischen Philosophen Paolo Flores d'Arcais in den Zeugenstand. Er beschreibt die Trennung zwischen Bürgern und Politikern als ein strukturelles Element der real existierenden Demokratie. Sie sei ein **Oligopol**, «eine feststehende Aufteilung der Repräsentation, bei der zwar die Marktanteile wechseln, aber nicht die ‹Betriebe›, die darum im Wettbewerb stehen». Die Berufspolitiker hätten sich vollständig von ihren Wählern emanzipiert, ihr vorrangiges Interesse sei, die eigene Karriere zu sichern.

Da sich neun von zehn Bürgern ausschließlich über das Fernsehen informierten, stelle dieser postmoderne

Gott *das* Problem dar. «Der Grad der Toleranz gegenüber den Lügen der Macht und die Gewöhnung an die Macht der Lügen sind ein untrüglicher Gradmesser für das Verschwinden der Demokratie.» Die nicht manipulierbare Information stelle sich als das «Herzstück der Demokratie» heraus. Jedes Manipulieren oder Geheimhalten der Wahrheit ist ein Ausschluss aus dem auf Wissen beruhenden, also freien, Entscheidungsprozess. Die Verifizierung der Fakten müsse für *jedermann* zugänglich sein, das Behindern der Kontrolle müsse bestraft werden. «Die politische ‹Wissenschaft› müsste, wenn sie denn existierte, sich um dieses Thema kümmern.» Wahlkampf ohne gleichen Zugang zum Fernsehen sei eine gefälschte Demokratie. Und nochmals d'Arcais: «Der Wähler hat keine Wahl.» (Die Demokratie beim Wort nehmen, Berlin 2004, S. 75)

Solche Schlüsse sind schwerlich damit abzutun, dass sie aus philosophischen Elfenbeintürmen stammen. Kommen doch die gleichen Töne auch aus dem innersten Zirkel der Macht: «Wenn zu wenige Bürger am Prozess der Entscheidungsfindung beteiligt sind, stirbt die Demokratie», schreibt Al Gore (Angriff auf die Vernunft, München 2009, S. 100). Als einstiger US-Präsidentschaftskandidat hat er erlebt, wie konservativer Einfluss durch Lügen und Geld zu kaufen ist. Wenn der Konsens der Regierten durch Täuschung manipuliert wird und sich die isolierten Individuen so kaum zu einer kritischen Masse zusammenballen können – dann hat die auf falschen Voraussetzungen verliehene Macht keine Legitimation. Jedes nicht eingehaltene Wahlversprechen ist seiner Meinung nach eine solche falsche Voraussetzung.

Robert Reich, der einstige Arbeitsminister von Bill Clinton, ist überzeugt, die real existierende «Demokratie wird von wenigen mächtigen Interessengruppen gelenkt, die sich nur um sich selber kümmern». In seinem Buch «Superkapitalismus» (Frankfurt am Main, 2008) erinnert er daran, wie 1994 selbst viele demokratische Abgeordnete gegen Clintons Gesundheitsreform stimmten, weil ihre Sponsoren aus den Unternehmen das von ihnen verlangten. Kurz darauf unterlagen die Demokraten bei den Kongresswahlen auf dramatische Weise. Die Abweichler hatten ihren **Wechsel in die Lobby** gut vorbereitet. Die Hälfte von Clintons Mannschaft arbeitete nun für große Konzerne. Ihre Einstiegsgehälter sollen bei einer halben Million Dollar pro Jahr liegen. Ob da unser Genosse der Bosse mithalten kann?

Warum ist gegen diese seit Jahren und Jahrzehnten bekannten Missstände offenbar kein Kraut gewachsen? Das Wissen um sie und die Kritik an ihnen ist vollkommen wirkungslos. Weil die **Privilegien verrechtlicht** sind, von der davon selbst profitierenden Legislative, Exekutive und Judikative. Unsere Interessen als Verbraucher und Anleger sind gut vertreten, doch «als Bürger sind wir aus der Politik nahezu verschwunden», beklagt Reich. Er empfiehlt Reformern, die Öffentlichkeit für Gesetzesänderungen zu mobilisieren.

Ebendas soll im Folgenden versucht werden.

5. ÜBER DIE SELBSTERMÄCHTIGUNG DER BÜRGER

Alle Macht den Räten – Occupy the law

> Die Schwierigkeit liegt nicht darin, die neuen Ideen zu finden, sondern darin, die alten loszuwerden.
>
> *John Maynard Keynes*

> Nichts ist überzeugender als eine Idee, deren Zeit gekommen ist.
>
> *Victor Hugo*

Die geneigte Leserin und der geneigte Leser haben mich bis hier auf der streckenweise geschichtsversessen und rechtstheoretisch anstrengenden, aber unumgänglichen Zustandsanalyse begleitet. Wir haben Erklärungen gesucht und gefunden, weshalb der «Wille des Volkes», eben nicht, wie in Artikel 21 der UN-Menschenrechtscharta gefordert, «die Grundlage für die Autorität der öffentlichen Gewalt» bildet. Wir haben nachverfolgt, wie diese Gewalt durchaus öffentlich das Privateigentum der besitzenden Klasse rechtlich privilegiert und so die Kluft zwischen Arm und Reich zu einer Kluft zwischen Gesetzgeber und Gesellschaft geworden ist. Wir haben mit angesehen, wie die Gewaltenteilung in Schieflage geraten und das Parlament dem Einfluss der Wirtschaft erlegen ist und derart von Selbstbestimmung der Bürger keine Rede sein kann. Damit aber sind **unsere Freiheitsrechte im Kern betroffen**.

Beunruhigung genug, sich ab sofort, und nicht erst auf den letzten drei Seiten, auf das Wagnis einzulassen, den Blick nach vorn zu richten. Die Aufgabe ist klar: **von der Zuschauer- zur Teilnehmerdemokratie**. «Die Freiheit besteht darin, den Staat aus einem der Gesellschaft übergeordneten in ein ihr durchaus untergeordnetes Organ zu verwandeln», wie Marx es in der Kritik des Gothaer Programms verlangte. Zweifellos haben sich die Staaten seither durch den Druck von unten verwandelt. Wenn heute der Sozialetat der größte Posten im Budget ist, so ist das Ausdruck dieses Fortschritts.

Er ist aber vollkommen unzureichend. Die Industrieländer hätten heute das Potenzial, allen Bürgern eine angstfreie Existenz zu menschenwürdigen Bedingungen zu garantieren. Und die Menschheit als Ganzes könnte zumindest hinreichend ernährt und ärztlich betreut werden. Das ist von Fachleuten immer wieder vorgerechnet worden. Aber was nutzt es, die Rechnung ohne den Wirt zu machen. Ein Wirt, der gesetzlich legalisiert wurde, die Zeche weitgehend allein festzulegen. Und der von dieser Gewohnheit auch nicht durch gutes Zureden lassen kann, denn er unterliegt zumindest geschäftlich (nicht in seiner privaten Bereicherung) einem knallharten Zwang, durch den Ungleichheit unausweichlich stabilisiert wird: ständiges Wachstum über ständige Neuverschuldung. Das Parlament ist vortrefflich gebunden an den Sozialstaat (mit gesetzlichem Ewigkeitsmerkmal) und zugleich unvortrefflich an ein unsoziales System: Profitmaximierung oder feindliche Übernahme, **wachse oder stirb**. Dabei ist sein Wachsen immer auch ein Sterben – das unserer natürlichen Lebensgrundlagen.

Dieses Grunddilemma hinzunehmen, widerspricht souveränem Denken. Wann die Wutbürger zu Aktivbürgern werden, ist eine Frage der Zeit. Wir stehen, unabhängig davon, ob wir es wahrhaben wollen oder nicht, an der **Schwelle einer neuen Ordnung**. Die könnte auch eine große Unordnung sein. Man kann sich wie im Kino zurücklehnen und darauf warten, welchen Film das unvorhersehbare, spontane politische Handeln uns bescheren wird. Man kann aber auch in seinem Gedächtnis den Film ablaufen lassen, wie die Kapitalseite in Umbruchszeiten sehr schnell eines kann: ein **Szenario aus der Schublade holen**. Damit beweist sie ihre Handlungshoheit.

Nur dreizehn Tage nach dem Mauerfall wurde auf einer Sitzung des Zentralbankrats das Konzept für die Einführung der D-Mark in der DDR vorgelegt. Es entsprach einem seit Jahrzehnten bereitliegenden Plan, erarbeitet unter der Leitung des einstigen NS-Reichskommissars für die Behandlung feindlicher Vermögen, Friedrich Ernst, für den Tag X der Vereinigung. Wie einst im Siegesplan für Osteuropa nach dem Zweiten Weltkrieg, musste die Einführung der eigenen Währung der erste Schritt der Aneignung sein. Damit war die DDR gekauft. Nun durfte das Tempo der Privatisierung dem Tempo der Desillusionierung nicht hinterherhinken.

Um künftig ähnliche Szenarien zu vermeiden, kann ein wenig Vordenken zumindest nicht schaden. Denken ist ein Zwang der Lage. Wer die Gefahr sieht, denkt. Wer denkt, ist in Gefahr. Begreifen ist riskant, führt womöglich zu der Frage, ob man sich nicht wehren sollte. Wer noch denkt, ist schon subversiv. Er könnte eines Tages die Macht haben wollen. Die Mächtigen sehen die Gefahr und denken ihrerseits …

Man kann nicht ausschließen, dass ein äußerer Katalysator genügt und die Revolte geht los, irgendwo in Europa. Allerdings ist es eine Mär, wenn behauptet wird, der **arabische Frühling** sei durch die Selbstverbrennung des tunesischen Gemüsehändlers Mohamed Bouazizi ausgelöst worden. Es mag der fehlende Funke gewesen sein, aber der Flächenbrand hätte sich nicht entzündet, wenn nicht seit vielen Monaten ein zorniger, konventioneller Klassenkampf geführt worden wäre, worüber man hierzulande gewöhnlich nichts erfährt. In Ägypten etwa hatten in den Jahren zuvor mehr als zwei Millionen Arbeiter an Massenstreiks gegen Armut und Jugendarbeitslosigkeit teilgenommen. Frauen hatten Textilfabriken besetzt, um mitreden zu können, Volkskomitees Bürgerwachen organisiert, unter anderem gegen die Bereicherung korrupter Eliten bei der Privatisierung staatlicher Firmen.

Wer bei ARD und ZDF in der ersten Reihe sitzt, wird durch beharrliches Verschweigen solch brenzliger Ereignisse vor unerwünschtem Funkenflug geschützt. Wer allerdings solche Funken schon einmal auf der eigenen Haut gespürt hat, wird die Welt nie wieder für so statisch halten wie zuvor. Normalerweise muss sich direkte Demokratie über Jahrzehnte entwickeln – es sei denn, sie entsteht spontan, sofort, im Schoß der angestauten Ungeduld. Wie im Herbst 1989 in Osteuropa. Gerade die, denen ein permanentes Demokratiedefizit nachgesagt wurde, gingen plötzlich voran, als hätten sie nie etwas anderes getan. Aber warum haben sie die angeblich auf der Straße liegende Macht nicht ergriffen? Das ist für künftige Umbrüche eine Frage, die man sich im Voraus beantworten sollte.

Beliebtestes Möbel in Polen, der ČSSR, Ungarn, Bulgarien und der DDR wurden die **Runden Tische**. Im ganzen Land wuchsen sie aus dem Boden, ohne Unterstellungsverhältnisse, von der kleinsten Gemeinde bis zum Zentralen Runden Tisch in Berlin. Von dessen 33 stimmberechtigten Teilnehmern gehörten 16 der alten Führung an und 17 der neuen Bürgerbewegung. Die friedliche Revolution wurde ausgehandelt. In dieser Ersatzregierung ging es nicht um knallharte Mehrheitsentscheidungen, sondern um Kompromisse und Konsensbildung.

Sekundiert wurden diese **räteähnlichen Einrichtungen** von zahllosen Bürgerkomitees und -versammlungen. Wenn ich allein an meine Aktivitäten denke, wird mir nachträglich noch schwindlig. Als Gründungsmitglied des *Demokratischen Aufbruchs* war ich an der programmatischen Arbeit für eine künftige demokratische Gesellschaft jenseits «kapitalistischer Verhältnisse» beteiligt. Als stellvertretende Vorsitzende der ersten Unabhängigen Untersuchungskommission der DDR war ich einbezogen in die Erarbeitung eines neuen Polizeigesetzes und vernahm den abgesetzten Stasi-Chef Erich

Mielke in der Untersuchungshaft (siehe: Und diese verdammte Ohnmacht, Berlin 1991). Als Delegierte des Schriftstellerverbandes gehörte ich zu einer Gruppe von Autoren und Publizisten, die den Entwurf für ein neues Pressegesetz erarbeitete. Dazu kamen das Verfassen von Artikeln, die Moderation von Protestveranstaltungen, Interviews ...

Ab dem Moment, als die Eine-Million-Demonstration vom 4. November auf dem Alexanderplatz vom DDR-Fernsehen übertragen wurde, war es die **erste Liverevolution** in Deutschland. Die Massenempörung wurde medial transportiert – entscheidend für die Mobilisierung. Die Tagungen des Runden Tisches wurden bis in die Nacht gesendet – das Fernsehen hatte damit enorme Einschaltquoten. Auch unsere Untersuchungskommission bekam anfangs gute Plätze in der Hauptnachrichtensendung.

Besonders euphorisierend: Der **Funke sprang auf den Westen über**. Auf einem Studientag der theologischen Fakultät der Universität Tübingen wurde eine Resolution verabschiedet, in der es hieß, die bundesdeutsche protestantische Kirche sei auf dem Weg, «ihr staatskonform obrigkeitshöriges Verhalten fortzusetzen ... Es ist Zeit für eine grundlegende Kritik des Kapitalismus.» Die SPD schlug tatsächlich einen Runden Tisch auch für Bonn vor. Und wie Klaus Hartung am 9.12.1989 in der *taz* den Runden Tisch und das Übergangskabinett Modrow für das fürs Volk berechenbare Programm der Demokratisierung lobte, war in den Medien keine Einzelmeinung:

«Insofern geht die Macht wirklich vom Volk aus und bleibt vor allem bei ihm – in einem Maße, wie es im ehemals freien Westen nie denkbar war und ist ... Die repräsentative Demokratie der Bundesrepublik, die im Grunde eine Großparteienherrschaft ist, wehrt nach wie vor alle Ansätze direkter Demokratie und Kontrolle von unten ab. In der DDR hingegen wird inzwischen selbst der innerste Repressionsbereich einer demokratischen Kontrolle von unten unterworfen. Ganz abgesehen davon, dass inzwischen alles, Volkswirtschaft, Volksarmee, Verfassung, der Diskussion unterworfen ist. Schon jetzt beginnen die Impulse der neuen Demokratie DDR in der Bundesrepublik zu wirken. Denkbar, dass Bonn bald den Wiedervereinigungsprozess massiv beschleunigen will, um den möglichen Demokratisierungsdruck aus dem Osten zu brechen.»

Wie dieser **Demokratieschub blockiert** und ins Gegenteil verkehrt wurde, habe ich in meinem ersten Nachwendebuch ausführlich beschrieben (Wir bleiben hier oder Wem gehört der Osten). Entscheidend war die **überstürzte Rechtsangleichung**. Den Parlamentariern wurde in einem beispiellosen Schnellverfahren der tausendseitige Einigungsvertrag vorgelegt, bei dem sich die Regierungsbürokratie zum Gesetzgeber gemacht hatte. Kein Ausschuss, kein Abgeordneter hatte das Recht, auf die Gesetze Einfluss zu nehmen, etwa durch Änderungsanträge.

Und das Volk wurde durch Irreführung zum Stillhalten gebracht. Durch einerseits vollkommen überzogene

Berichte über den angeblich unmittelbar bevorstehenden Bankrott der DDR-Wirtschaft und groteske Verzerrungen behaupteter Regierungskriminalität sowie andererseits durch haltlose Versprechen von bevorstehenden «blühenden Landschaften». Nachträgliche Analysen und Richtigstellungen haben auf die normative Kraft des Faktischen genauso wenig Einfluss wie die desillusionierende Realität selbst. Die bessere Zukunft wurde zumindest für die wirtschaftlichen oder politischen Verlierer zurückgedrängt in eine restaurative Gegenwart. Die systemkritische Debatte hat zwanzig Jahre verloren und in dieser Zeit weltweit ungezählte Opfer gekostet.

Doch für den Bruchteil einer Sekunde **Subjekt der Geschichte** gewesen zu sein, ist eine Erfahrung, die sich einprägt. Wie ich haben in diesen Wochen viele die politisch intensivste und anstrengendste Zeit ihres Lebens erfahren. So kann man nicht auf Dauer leben, aber ganz ohne das auf Dauer auch nicht. In dieser Stimmung suchte ich nach einem Buch, das im Handel seit Jahren vergriffen, also offenbar nicht gefragt war. Es erfreut sich erst seit der Krise und dem arabischen Frühling einer Wiederauflage: Hannah Arendts 1963 geschriebener, unterschlagener Klassiker «Über die Revolution».

Diesen durch den Stalinismus zu Recht für immer diskreditiert geglaubten Begriff haben offenbar jene neuen, die Geduld der Völker überstrapazierenden Zustände wieder gesellschaftsfähig gemacht. Heute sagt der amerikanische Occupy-Vordenker Mark Greif: «Es ist richtig und notwendig, dass soziale Bewegungen in der Sprache der Revolution sprechen.» Der aktive Kern von Occupy habe revolutionären Wandel im Auge. «Letzten Herbst sollte noch die amerikanische Demokratie gerettet werden. Seit dem Frühjahr wird schon die Systemfrage gestellt.» (*SZ*, 17. 9. 2012) Der Slogan **Wir sind die 99 Prozent** war genial. Doch die spontanen Besetzungen von Börse, Firmenlobbys und Straßenkreuzungen sind über symbolische Akte nicht hinausgekommen. Die Bewegung ist von der Straße ins Reich des Diskurses übergesiedelt. Genaueres darüber, wie die 99 Prozent die Macht übernehmen wollen, wird vorerst leider nicht verraten.

Da war Hannah Arendt vor fünfzig Jahren konkreter: Von den furchtbaren Katastrophen der Revolutionen des 20. Jahrhunderts sei die wahrhaft revolutionäre Hoffnung der Völker der Erde auf eine neue Staatsform verdeckt worden, die es jedem inmitten der Massengesellschaften doch erlauben könnte, an den öffentlichen Angelegenheiten teilzunehmen. Der entscheidende politische Konflikt im Parteiensystem, stellt sie damals schon fest, verlaufe nicht zwischen rechts und links, wie alle glaubten, sondern zwischen dem Parlament «und dem Volk, das seine Macht an seine Vertreter verloren hat». Parteien seien nicht mehr als Organe der Volksmacht anzusehen, sondern als sehr wirksame Hilfsmittel, diese Macht einzuschränken und zu kontrollieren. Solange diese Oligarchie ihr Versprechen einhalte, im Interesse der Massen tätig zu sein, also Volkswohlfahrt und privates Wohlbefinden garantiere, erfülle sie immerhin demokratische Anliegen. Wenn sie sich aber früher oder später wie jede Oligarchie von diesem Anspruch entferne, sei revolutionäre Gegenwehr geboten.

Solche Ideen werden nicht propagiert vom 1993 gegründeten Hannah-Arendt-Institut, dem Institut zur propagandistischen Einengung und Verfälschung der Ideen von Hannah Arendt. Denn für die instrumentalisierte Namenspatronin war der Totalitarismus mit dem Tod Hitlers und Stalins beendet. Am Institut der TU Dresden aber wird unter diesem Banner eifrig DDR-Forschung betrieben und suggeriert, die Zustände in der Bundesrepublik hätten mit den Schriften von Hannah Arendt gar nichts zu tun.

Dabei will diese bis zur Unkenntlichkeit vereinnahmte Philosophin die repräsentative Demokratie abschaffen. Und zwar mit der einzigen, der Revolution selbst entsprungenen Lösung: Das **Rätesystem stellt «die künftige Staatsform» dar**. Weil es als einziges «einen neuen politischen Raum für die Freiheit geschaffen» habe. Die spontan gebildeten Volksorgane also, die seit der Französischen Revolution in jeder echten Revolution des 19. und 20. Jahrhunderts für die Parteien gänzlich unerwartet auftauchten. Doch da sie von den mächtigen Parteien als unverträgliche Konkurrenz aufs heftigste befehdet und in all ihrer Unerprobtheit eine leichte Beute des Misserfolgs wurden, erlitten sie nicht nur das Schicksal, von den Beteiligten schnell vergessen zu werden. Weder Politiker, Historiker, Politologen noch die revolutionäre Tradition haben sich wirklich um sie gekümmert, beklagt Hannah Arendt.

Deshalb gibt es über Zweck, Wirken und Scheitern der jeweiligen Räte weithin die unklarsten Vorstellungen. Fragt man heute namhafte Politiker, weshalb der Ruf «**Alle Macht den Räten**» einst die Mächtigen erzittern ließ, so erntet man ahnungslos verunsicherte Blicke. Kaum jemand erinnert sich, weshalb sich nach dem Ersten Weltkrieg in Österreich, Ungarn und Deutschland spontan Arbeiter- und Soldatenräte bildeten und Kaiser und Könige reihenweise abdankten. Unbekannt ist, warum die Räte die Sozialisierung der Schlüsselindustrien forderten und wie es ihnen gelang, Konzerndirektoren abzusetzen, etwa in den Merseburger Leuna-Werken. Schwerlich kann nachvollzogen werden, warum SPD und Gewerkschaften kein Interesse an einer Rätedemokratie in der Wirtschaft hatten – weil sie nämlich dadurch überflüssig geworden wären. Und die Wirtschaftsbosse dazu, die in einen «Antibolschewistenfonds» einzahlten, um antikommunistische Propaganda zu sponsern und die Freikorps als eine Art private, antikommunistische Mordarmee.

Es freut dennoch, daran zu erinnern, wie der Schriftsteller und Anführer der Novemberrevolution in Bayern, Kurt Eisner, Ministerpräsident dieser ersten deutschen Räterepublik wurde, der Begründer der Freiwirtschaftslehre, Silvio Gesell, Finanzminister und der «**Rat der geistigen Arbeit**» mit enthusiastischen Intellektuellen und Künstlern wie Rainer Maria Rilke, Heinrich Mann und Gustav Landauer seine kurze Arbeit aufnahm. Weniger erbaulich, wie damals schon gezielte, primitive

Falschmeldungen das Blatt wendeten. Die ehemalige Regierung Hoffmann (SPD) hetzte von Bamberg aus die Landbevölkerung gegen die «Diktatur der Russen und Juden» auf, also gegen die kommunistischen Räteführer Eugen Leviné und Max Levien, die angeblich die Frauen zu Gemeineigentum erklärt hatten. Was zu einer Hungerblockade gegen die Münchner Räterepublik führte. Gegner streuten Gerüchte über Gräueltaten der Revolutionäre in München, bis die berüchtigten Freikorpseinheiten nicht nur Rosa Luxemburg und Karl Liebknecht meuchelmordeten, sondern gerade auch in Bayern grausame Massaker an gewählten Räten und an Zivilisten verübten. Am blutigen Ende dieser Räterepublik wurden nach Schätzungen 2000 Anhänger getötet, darunter Kurt Eisner und Gustav Landauer, oder zu langjährigen Haftstrafen verurteilt, so auch Erich Mühsam.

Sollte der Eindruck entstehen, wir hätten den Blick, statt wie angekündigt nach vorn, schon wieder geschichtswärts gewandt, so muss entgegnet werden: **Zukunft ist zu Ende gebrachte Geschichte.** Geschundene Sehnsüchte, tragische Irrtümer und uneingelöste Versprechen – aus welchem Material sonst sollte sie gewebt sein?

Die internationale Arbeiterbewegung zog Ende des 19. Jahrhunderts aus der Erfahrung der niedergeschlagenen Rätedemokratie der Pariser Kommune die Lehre, dass es ohne imperatives Mandat keine echte Republik geben könne. In den antiken Demokratien gab es nur imperative Mandate. Auch wenn der Begriff erst mit der französischen Rätedemokratie entstand. Abgeordnete, oder eben Räte, sind in ihrem Abstimmungsverhalten viel stärker an Aufträge oder Weisungen ihrer Wähler gebunden. Sie sind ihnen rechenschaftspflichtig und bei offensichtlich nicht eingehaltenen Versprechen oder mangelnder Aktivität jederzeit absetzbar. Räte sind also viel stärker auf den Rat der Wähler angewiesen, ja sind abhängig von ihm, nicht von einer sie delegiert habenden Partei.

Doch imperative Mandate wurden in der konterrevolutionären Verfassung der «Dritten Französischen Republik» ausdrücklich verboten. Man wollte keine Unterhändler des Volkes, sondern Repräsentanten, die ein «formales Durchstimmen» erlauben. Just diese monarchistisch gesinnte Verfassung wurde zum Prototyp der repräsentativen Demokratie.

Das 20. Jahrhundert wäre anders verlaufen, wenn die *Sowjet*-Union nicht nur dem Namen nach eine Räterepublik gewesen wäre. Deshalb kommen wir nicht umhin, im Zeitraffer daran zu erinnern, wofür 1921 auch die **Räte der Kronstädter Matrosen** ihr Leben aufs Spiel setzten. In vielen Regionen des durch Revolution, Welt- und Bürgerkrieg geschüttelten Sowjet-Landes war es zu Aufständen gegen den Kriegskommunismus gekommen. Der Zorn richtete sich gegen die Militarisierung der Arbeit und die Entmündigung der Gewerkschaften, die Abgabepflicht der Bauern bei Verbot des Privathandels. Denn der angebliche Zweck dieser Maßnahmen des zentralisierten Apparates, in den Städten und Dörfern Chaos und Hunger zu vermeiden, erfüllte sich nicht. Bei Revolten, die bäuerliche Selbstverwaltung und freie Verfügung über den Bodenbesitz erzwingen sollten, kam es zur Tötung von zahllosen Mitgliedern der staatlichen Requisitionsbrigaden, was den Terror der Tscheka weiter herausforderte.

Am vierten Jahrestag der Februarrevolution von 1917 wurde in Petrograd der Anarchisten und Sozialrevolutionären zugeschriebene «**Aufruf für eine bessere Revolution**» erlassen: Die Arbeiter und Bauern wollen nicht nach den Dekreten der Bolschewiki leben. Sie fordern freie Wahlen von Fabrikkomitees, freie Gewerkschaften, Sowjets (Räte) und die Wiedereinberufung der parlamentarischen Versammlung. Streiks legten die Betriebe der Schwerindustrie teilweise lahm.

Ausgerechnet die Elitetruppe des Roten Oktober, die Veteranen der Baltischen Flotte auf der westlich von Petrograd gelegenen Insel Kotlin, der Seefestung Kronstadt, verkündeten, das Revolutionsprogramm der Bolschewiki «mit anderen Methoden» verwirklichen zu wollen. Die Kronstädter *Iswestija* Nr. 9 schrieb: «Wir wollen nicht zum Alten zurückkehren. Wir sind keine Diener der Bourgeoisie, keine Mietlinge der Entente. Wir sind für die Macht aller Werktätigen, aber nicht für die schrankenlose, tyrannische Gewalt irgendeiner Partei … Kronstadt regiert das werktätige Volk.» Auch Hunderte Kronstädter Kommunisten unterstützten aktiv die gegen die Bolschewiki gerichtete Kommune. Sie gründeten ein *Provisorisches Parteikomitee* RKP(B), das mit dem *Provisorischen Revolutionskomitee* zusammenarbeitete. Alles war *provisorisch.*

Selbst auf dem X. Parteitag der Bolschewiki im März 1921, der eigentlich den Übergang vom Bürgerkrieg zum Frieden beschließen sollte, kritisierten zahlreiche Anhänger der «Arbeiteropposition», die Lenin in seinem Bericht als anarchistische Abweichler beschimpft hatte, die bolschewistischen Praktiken. Das brachte Lenin in seinem Schlusswort derart in Rage, dass er drohte, lieber «hier und da» mit Gewehren zu diskutieren als mit Thesen, die die Revolution gefährden würden. «Wir brauchen jetzt keine Opposition, Genossen, es ist nicht die Zeit danach ... wir sind jetzt der Opposition müde.» Damit war er ganz auf den gewaltsamen Weg des Kriegskommissars Trotzki eingeschwenkt. Der als weißgardistische Verschwörung denunzierte Aufstand der Arbeiter und Matrosen Kronstadts, die eine Kapitulation ablehnten, wurde nach harten Gefechten blutig niedergeschlagen. Was auch viele Bolschewiki bedrückte und zu zahllosen Parteiaustritten führte.

Um es sich nicht einfacher als die damaligen Akteure zu machen (was zum Glück sowieso nicht zu vermeiden ist), muss auch an deren **Schuldeingeständnisse** erinnert werden – eine Fähigkeit, die inzwischen unter Politikern gänzlich abhandengekommen zu sein scheint. Lenin hatte sich auf demselben Parteitag nicht nur gewaltbereit und oppositionsfeindlich gezeigt, sondern auch flexibel und lernfähig, was einen Teil der Genossen, die gerade noch glaubten, die Linie verstanden zu haben, vor den Kopf stieß: «Lasst uns unsere Politik gegenüber der Bauernschaft revidieren. So wie es bisher war – dieser Zustand ist nicht länger haltbar ... Wir haben sehr viel gesündigt, weil wir zu weit gegangen sind: wir sind zu weit gegangen auf dem Wege der Nationalisierung des Handels und der Industrie, auf dem Wege der Drosselung des lokalen Umsatzes. War das ein Fehler? Zweifellos. In dieser Beziehung war vieles von dem, was wir getan haben, einfach falsch.» Wer davon geträumt habe, in drei Jahren die ökonomische Basis umgestalten zu können, sei ein Phantast gewesen, aber ohne solche Phantasten hätte die sozialistische Revolution nicht begonnen werden können.

Nun aber müsse «die Freiheit des Kapitalismus für die Kleinbesitzer» bis zu einem gewissen Grad wiederhergestellt werden und eine «Neue Ökonomische Politik» (NÖP) ohne Ablieferungspflicht, mit Marktbeziehungen und mehr Eigenverantwortung der Produzenten, eingeleitet werden. Was eben noch Verrat an der Revolution gewesen wäre, hatten nun auch die Sprecher der «Arbeiteropposition» hinzunehmen, die sich immer gegen die Zulassung kapitalistischer Elemente ausgesprochen hatten. Ob richtig oder falsch – über Korrekturen entschied die Partei künftig selbst. Die **Zeit für Opposition kam nie zurück**.

Erst als Gorbatschow seine Perestroika auf den Weg bringen wollte, wonach der Sozialismus die Demokratie wie die Luft zum Atmen brauche, wiederholte sich eine verwirrende Erfahrung: Gesellschaften gehen nicht dann unter, wenn sie am unerträglichsten sind, sondern gerade dann, wenn sie dabei sind, erträglicher zu werden, vielleicht sogar Spaß zu machen. Auch der DDR-Sozialismus ging unter, als er die Luft zum Atmen bekam. Als die Herrschenden vor Ratlosigkeit und Altersschwäche die Zügel locker ließen. Als die Montagsdemonstranten noch nicht wussten, dass durchhängende Zügel dieselbe Wirkung haben wie gar keine Zügel. Ein Zustand, in dem feurige Pferde gern durchgehen. Wiederum eine Vorstellung, der die Macht, wo immer sie gerade lauert, nicht tatenlos zusehen kann, weshalb sie dann zupackt. Wie lange also lag die Macht auf der Straße?

Mit den Runden Tischen, den Unabhängigen Kommissionen und Bürgerkomitees waren, wie schon 1956 in Ungarn und 1968 in der Tschechoslowakei, wieder spontan Elemente einer Rätedemokratie aufgetaucht. Der Verfassungsentwurf des Runden Tisches war dem Grundgesetz sehr ähnlich, aber moderner, ökologischer, feministischer, bürgernäher. Er enthielt im Grundgesetz fehlende Konkretisierungen zum Sozialstaat. In seiner von der Schriftstellerin Christa Wolf formulierten Präambel forderte er «revolutionäre Erneuerung».

Die bestand zum Beispiel im Bruch mit dem Römischen Recht. So war die Bildung von marktbeherrschenden Unternehmen unzulässig, und das Eigentum an landwirtschaftlichen Flächen, die einhundert Hektar übersteigen, sollte genossenschaftlichen, öffentlichen oder kirchlichen Einrichtungen vorbehalten sein. Bei Umwandlung in Bauland hätte den Kommunen bis zur Hälfte der Wertsteigerung zugestanden. Enteignungen, die dem DDR-Recht entsprachen, sollten selbst dann wirksam bleiben, wenn in Grundbüchern formelle Unrichtigkeiten stünden. Vorstellungen, die vom Kapital, das die Zügel längst zum Flohmarktpreis in die Hand bekommen hatte, kaltlächelnd an die Kandare genommen wurden.

Folgerichtig – auch nach Hannah Arendt, die das eigentlich **Revolutionäre in den zu erkämpfenden Verfassungen** zu entdecken empfahl. Die Kapitaleigner hatten es sofort entdeckt. Diese von Vergesellschaftung und Gemeinwirtschaft redende Verfassung wäre die einzige Fessel ihrer Macht gewesen. Zumal eine Konstitution nicht der Akt einer Regierung sein sollte, die dem Volk nach misslungener Revolution eine Verfassung gibt, sondern vielmehr der Akt eines Volkes, das eine Regierung konstituiert. Solchem Anspruch konnten die Akteure des Herbstes 1989 nicht genügen.

Und diese immer als Phantasten verspotteten, immer provisorischen, immer überrollten, immer unter Zeitdruck irrenden, immer gescheiterten Räte sollen uns künftig noch irgendetwas zu sagen haben? Als schwacher Abglanz einstiger November-Revolutionsträume von Produktionsdemokratie haben sich in der Bundesrepublik immerhin die schon erwähnten **Betriebsräte** erhalten. Ihr Wirken ist vielen, gerade kleineren, Unternehmen ein Dorn im Auge. Auf Rudimente der Räterepublik deutet ebenfalls, dass die **bayerische Verfassung** wohl die progressivste aller Landesverfassungen ist und die Hälfte aller deutschen Bürgerbegehren von dort kommt. Aber was sollte darüber hinaus für die heutige Konfliktlage interessant sein?

Wenn, wie oben beschrieben, die gegenwärtige Bruchlinie der repräsentativen Demokratie zwischen Bürgern und Parlament verläuft, dann könnte der **Vorzug des imperativen Mandats gegenüber dem freien Mandat** eines selbstbewussten Tages diesen Bruch heilen. Den Test der Dauer hat diese Demokratieform seit der Pariser Kommune, wegen ihrer subversiven Infragestellung aller Macht und der folgerichtig sofort einsetzenden, gewaltsamen oder repressiven Unterdrückung, nicht bestehen können.

Wer erinnert sich schon noch, dass auf dem Bundeskongress der **Jungsozialisten 1969** ein waschechtes Rätesystem beschlossen wurde: Verlagerung der Zuständigkeit für Entscheidungen auf die Basisorganisationen, ständige Kontrolle der Mandatsträger durch die Mitgliedschaft, Einführung des gebundenen Mandats bei jederzeitiger Möglichkeit der Abwahl und Rotation. Dies seien «Mittel, um Herrschaftsstrukturen abzubauen». Der Hannoveraner Juso-Vorsitzende Gerhard Schröder fand auch: Fraktionen sind an die Beschlüsse der Partei gebunden. Hessens Juso-Vorsitzende Heidemarie Wieczorek-Zeul ging weiter – Abgeordnete seien nicht nur in Grundsatzfragen, sondern generell der Kontrolle der Basis unterworfen. Die Jusos zitierten Marx' Freude über die Pariser Kommune: «Das ist die Rücknahme der Staatsgewalt durch die Volksmassen selbst.»

Als im September 1970 die Münchner Jusos ihre Konzeption für die Kommunalpolitik vorlegten, sah die

Zeitschrift *Christ und Welt* darin ein «**Bürgerschreckprogramm**»: Kommunalisierung des Bodens und der meisten Betriebe, Nulltarif im Nahverkehr, Verbannung des Individualverkehrs aus den Stadtzentren, Sozialisierung der Arztpraxen, kostenlose Gesundheitsfürsorge. (Aus DDR-Perspektive weitgehend Normalitäten.) Die Juso-Positionen fanden in Teilen der SPD durchaus Gehör, die Partei biete «ein Bild der Zerrissenheit», befand der *Spiegel* 1973 (Nr. 26). Es sei ein Streit zwischen Basis und Beletage um das imperative Mandat ausgebrochen: «Unterdessen steht in vielen Kommunen des Bonner Staates das Wesen der westdeutschen Demokratie in Frage – hörbar nur für Aktivbürger».

Anfang der 80er Jahre stellten neue Aktivbürger die parlamentarische Demokratie in Frage – **die Grünen**. Die Parlamente seien zu «Herrschaftsorganen staatlicher Interessen» geworden. Der *Spiegel* (14/1983) zitierte Petra Kellys «**Kampfansage gegen das starre, sterile Parlament** voller inkompetenter, elitärer Männer». Und auch den damaligen Fraktionssprecher und späteren Bundesinnenminister Otto Schily: «Außerparlamentarische Aktionen sind für uns wichtiger als das Parlament.» Die Instrumentarien, «das Herrschen wieder zu einem demokratischen Regieren zu machen», waren wiederum imperatives Mandat, Trennung von Amt und Mandat und das Verbot, Aufsichtsratsposten und Beraterverträge anzunehmen.

Aus berechtigter Furcht vor Korruption durch Amt und Macht beschloss die Partei die Rotation, also Auswechslung der Abgeordneten zur halben Amtszeit. Der damalige Westberliner Justizsenator Rupert Scholz wetterte: «Das Rotationsprinzip führt zum verfassungswidrigen Rätesystem.» Anders der damalige Regierende Bürgermeister Westberlins, Richard von Weizsäcker, der einräumte, dass ihm «der Glaube an die Überlebensfähigkeit der Parteiendemokratie» fehle. Doch selbst wenn die hellsichtigen Politiker an dem System bereits zweifelten oder gar verzweifelten, die «eingelaufene Ordnung» ließ sich nicht aus den Angeln heben: Ihr werdet das Parlament nicht verändern – das Parlament wird euch verändern, war den Grünen prognostiziert worden.

Die darauffolgenden Jahre waren ein Lehrbeispiel dafür, wie dieses auf der Verrechtlichung von Privilegien basierende parlamentarische System **rebellische Andersdenkende** in seine Strukturen presst oder sie ausspuckt. Zu den Methoden des Disziplinierens gehören fraglos auch die Privilegien und Annehmlichkeiten, die der Staat all seinen braven Parlamentariern angedeihen lässt – von den fahrbereiten schwarzen Limousinen über den für sie geltenden, gutdotierten Mindestlohn bis zu den üppigen Rentenansprüchen. Es gehörte nicht viel Kraft dazu, die Abweichler davon zu überzeugen, dass die Rotation verfassungswidrig sei. Kaum eine oder einer kam darauf zurück.

1989 brachte das vermeintliche Ende der Geschichte nur das **Ende des systemkritischen Denkens**. Unter dem fabelhaften Label «Freiheit und Demokratie» wurde der fragwürdige Status quo den Hinzukommenden als das *non plus ultra* menschlicher Zivilisation untergejubelt. Heute wird nur noch in Kreuzberg-Friedrichshain über das imperative Mandat diskutiert – im Wahlkreis von Hans-Christian Ströbele, der nach seinem Nein zu Bundeswehreinsätzen von seinen Grünen keinen sicheren Listenplatz mehr bekam. Darüber hinaus rüttelt niemand mehr an dem geheiligten Prinzip: Abgeordnete, einmal gewählt, sind in ihrem Abstimmungsverhalten frei und nur ihrem Gewissen unterworfen. Die Wähler haben gefälligst darauf zu vertrauen, ihre Vertreter werden für das Allgemeinwohl stimmen, so, wie sie es für richtig halten.

Niemand wird letztlich bestreiten, dass Abgeordnete so abstimmen, wie sie es für richtig halten – richtig für den Machtzuwachs der Partei und damit das eigene Fortkommen, etwa für die Chance mitzuregieren oder in der Parteihierarchie aufzusteigen. Ein Ziel, dem auch das eigene Gewissen selten Probleme entgegenstellt. Zumal die Abgeordneten unter Fraktionszwang stehen – der sogenannten freiwilligen Selbsteinschränkung, eine gesetzliche Grauzone. Und eine praktizierte Goldzone – wer die Fraktionsdisziplin nicht einhält, wer nicht freiwillig den freien Willen aufgibt, kann aus der Partei ausgeschlossen werden, die ihn bei der nächsten Wahl doch wieder nominieren soll.

Genauer besehen ist also das freie Mandat ein imperatives Mandat der Fraktion der Partei. Da das imperative Mandat aber wegen des Grundgesetzartikels 38/1 verfassungswidrig wäre, wird die Weisungsgebundenheit freiwillig ausgeübt. Wodurch sie den Charakter der Weisung einbüßt und den des Gewissensbedürfnisses annimmt und so wieder alle Kennzeichen des freien Mandats erfüllt. Wie praktisch – haben doch die Parteien so ganz legal die Funktion des Souveräns an sich gerissen. Die sie nicht einmal ausfüllen können, ohne sich die wichtigsten Gesetze von der Wirtschaftslobby diktieren zu lassen. Wo aber die Repräsentanten die Repräsentierten zu einer zu vernachlässigenden Größe machen, **nähert sich der Staat einer Monarchie**. Aus der ja dieses Demokratiemodell auch stammt. Womit sich der Kreis zum Staat als juristischer Person wieder schließt. Wenn wir über Selbstermächtigung nachdenken, sollten wir den Kordon der Macht der anderen immer schön im Auge behalten …

Inzwischen haben wir also angeblich das Stadium der Postdemokratie erreicht – dabei wäre es förderlicher, von **Prädemokratie** zu sprechen. Es hat sich ein Problembewusstsein angestaut, das uns ins Vorfeld des Vorfelds einer möglichen Annäherung an tatsächliche Demokratie bringen könnte. Wenn diese Chance vertan wird, werden neue Diktaturen uns das Fürchten lehren. Geschichte wiederholt sich nicht, aber allzu viele Optionen hat sie auch nicht. Deshalb ist es so dringlich, ihr ihre Lehren abluchsen zu wollen. Der Missbrauch eines Gedankens widerlegt nicht den Gedanken. Einst gescheiterte Versuche beweisen nicht mehr und nicht weniger, als dass die Versuchsanordnung falsch war.

Keine Experimente mehr, schallte es 1989 von konservativer Seite, um das neoliberale Experiment ungestört durchziehen zu können. Jedes neue, unerprobte Gesetz ist ein Versuch, den Interessenausgleich zugunsten einer Seite zu verschieben. Das heißt, experimentiert wird sowieso permanent, fragt sich nur, wer in wessen Auftrag agiert. **Wer – wen?** Lenins oft zitiertes Kürzel aus einem Referat von 1921 ist so falsch nicht. Es bezog sich auf die Frage, ob die neue Staatsmacht imstande sein werde, «die Herren Kapitalisten gehörig im Zaum zu halten», um «einen Kapitalismus zu schaffen, der dem Staat untergeordnet ist und ihm dient».

Fast hundert Jahre später stehen wir immer noch vor derselben Frage. Wobei nicht darum herumzureden ist, dass die Nicht-Unterordnung gerade das Wesen des Kapitalismus ist. Was «im Zaum» gehalten ist, ist etwas über ihn hinaus Gehendes, etwas Neues. Wir sind auf der Suche nach der zu gewinnenden Zeit. Dabei lassen sich die bisherigen Erkenntnisse nicht einfach ignorieren. Sie sind vielmehr durch zeitgerechte Überlegungen abzuwandeln, zu ergänzen, zu variieren. Selbst ein Auf-die-Füße-Stellen bezieht sich auf den bisherigen Kopfstand.

Hannah Arendt sieht in der von ihr bevorzugten Rätedemokratie eine ausschließende Konkurrenz zur abgewirtschafteten Parteiendemokratie. Sie ist sich darin einig mit den Radikaldemokraten, die die Vorstellung einer Doppelherrschaft von organisierten Massen neben dem Staat, wie sie einst in der «Dritten Internationalen» diskutiert wurde, ablehnen. Da der Staat im Kapitalismus die Verdichtung von Kräfteverhältnissen sei, so dieser Ansatz, müssten die politischen Kämpfe vielmehr in diesen Staat eingeschrieben werden. Der Kern des Rätegedankens sei die **Selbstverwaltung eines Gemeinwesens durch das Volk**. Oder anarchistisch formuliert: Selbstverwaltung ist nichts anderes als Selbstverantwortung Gleicher auf Gegenseitigkeit.

Dem wäre entgegenzuhalten, dass auch eine Selbstverwaltung eine Verwaltung bleibt. Elemente der Räte aber, wie eine stärkere Rechenschaftspflicht gegenüber dem Wähler, halten nicht wenige für Merkmale, die den herkömmlichen Abgeordneten abgefordert werden könnten. Andere sind überzeugt, ein Parlament aus Parteien sollte nicht der einzige Repräsentant des Volkes sein, da Parteien immer Kampfverbände gegen andere Parteien seien. Wir hätten es mit lauter kleinen Fürstenhöfen zu tun. Deshalb wird von ihnen eine Art zweite Kammer favorisiert.

So der früh verstorbene Friedensforscher Dieter S. Lutz, der im Willy-Brandt-Kreis Zustimmung für seine Suche nach Wegen einer «Demokratie jenseits der Demokratie» fand. Wer nach den Grenzen der Handlungs- und Friedensfähigkeit der politischen Klasse frage, komme an «einer Kritik des politischen Systems selbst nicht vorbei». Weil zu viele der die Gesellschaft zentral betreffenden Entscheidungen der demokratischen Kontrolle entzogen und den privaten Unternehmen und der kommerziellen Forschung überlassen blieben. Der Politik komme dann nur noch die Schadensbegrenzung zu. Lutz sprach von der «Latenz der schleichenden Katastrophen», die dazu führe, dass die jetzige defizitäre Demokratie den Keim des Unfriedens in sich trägt. Unter seiner Leitung hatte das Hamburger Friedensforschungsinstitut das Leitmotiv: «Vom Recht des Stärkeren zur Stärke des Rechts». In diesem Sinne schlug er zusätzlich zum Generalistenparlament ein dem Druck der Interessen entzogenes Expertenparlament, einen **Zukunftsrat** vor. Diese gewählte, aber nicht wiederwählbare Kammer jenseits der Parteien hätte sowohl das Initiativrecht für Gesetze als auch ein Veto-Recht, um Politik, Forschung, Kapital und Medien in den Arm zu fallen. Ein solches Gremium wäre übrigens auch der Platz für diejenigen, denen ein imperatives Mandat zu wenig kreativen Spielraum lässt.

In seinem Ingolstädter Manifest hat Gregor Gysi ebenfalls eine zweite Kammer angeregt. Per dritter Wahlstimme wollte er neben dem Bundestag eine **Kammer der sozialen Bewegungen** ins Leben rufen, in der Interessengruppen wie Gewerkschafter und Arbeitslosenverbände, Attac und Unternehmer, Greenpeace und Friedensbewegung, Mieterverbände und Frauenbewegungen, Studenten-, Künstler- und Migrantenvereinigungen, Amnesty International und weitere wichtige Stimmen aus der Gesellschaft das Recht hätten, Gesetze einzubringen, Gesetze im Bundestag zu diskutieren und zurückzuweisen. Teile der Haushaltsentscheidungen sollten an diese Bürger-Kammer abgegeben werden.

Doch all diese vernünftigen, machtbegrenzenden Vorschläge werden mit den immer gleichen Vorbehalten vom eckigen Tisch gewischt. Auch darauf müssen die 99 Prozent vorbereitet sein. Ein sich hierzulande hartnäckig haltender Einwand gegen mehr Einbeziehung von Bürgern wird auch gegen Räte ins Feld geführt: An der Basis reiche der Sachverstand nicht für komplexe Entscheidungen. Die Informationsorganisation eines Parlaments durch Archive, Gutachten und Sachverständige könne an der (Partei-)Basis nicht geleistet werden. Warum eigentlich nicht – im Zeitalter der **Liquid Democracy**? Warum kann der vom Steuerzahler finanzierte Wissens- und damit Machtvorsprung nicht abgebaut werden, indem er allen zugänglich gemacht wird? Zumal der Vorbehalt gegen die Basis ja zunehmend umkippt in den gegen das Parlament von Amateuren, das von seinen Aufgaben selbst überfordert ist. Umso provozierender, wenn diese bestenfalls auf einem Gebiet Sachkundigen nicht ihre ganze Energie in ihr repräsentatives Mandat stecken, sondern «nebenbei» ihrem eigentlichen Beruf nachgehen. Und so zum Beispiel an wichtigen Debatten und Abstimmungen nicht teilnehmen, weil sie gerade ihren privaten Mandanten vertreten.

Für mich ist das Problem an den Nebenverdiensten der Politiker dennoch weniger die Höhe der Honorare als die Käuflichkeit der Abgeordneten für den Zweck, jenseits der Öffentlichkeit einer Lobby zu einem Wissensvorsprung zu verhelfen. Ein Wissen, das sie sich dank ihres von den Wählern gegebenen Mandats in der von den Bürgern bezahlten Arbeitszeit aneignen und damit Vorträge ausarbeiten können, die ebendiese finanzierenden Bürger von dem Sachverstand ausschließen.

Ich will wissen, was die Politiker den Bankern oder Unternehmern *gesagt* haben, nicht, was sie *verdient* haben. Davon könnte die Wählbarkeit der talkenden Politiker abhängen. Wenn schon die Verträge, dann gehören erst recht die Vorträge online gestellt. Wie die Arbeiten des wissenschaftlichen Dienstes des Bundestages und die Archive. So sie wollen, müssen die Bürger zu den von ihnen bezahlten Studien freien Zugang haben. Das gilt auch für das Europaparlament. Dort dürfen die Abgeordneten an die EU-Kommission schriftliche Fragen stellen. Genau 12 094 sollen es 2011 gewesen sein. Um die 10 Millionen Euro haben die Antworten der Kommission den europäischen Steuerzahler gekostet – genau kennt die Summe niemand. Waren es qualifizierte Fragen? Waren es qualifizierte Antworten? Solange die Obrigkeit ihre Untertanen am Informations-Katzentisch sitzen lässt und ihnen auch nur die gelegentliche Erfahrung vorenthält, dass man als Ritter an der Tafelrunde viel köstlicher speist, wird sich nichts ändern.

Ein anderer Einwand lautet: Wenn das Volk entschieden hat, sind alle und ist damit niemand verantwortlich. Der Einwand soll nicht vom Tisch gewischt werden. Seine Bedeutungsschwere kann aber durch die Überlegung gemildert werden: Wenn das Parlament entschieden hat, ist letztlich auch niemand verantwortlich. Das haben wir bei der Zulassung der hochspekulativen Finanzprodukte ebenso erlebt wie beim Fehlmanagement der großen Bauprojekte oder bei den Kriegseinsätzen in Jugoslawien und Afghanistan. Das **Volk trägt die Kosten so und so**. Dann sollten es doch lieber die Konsequenzen eigener Entscheidungen sein.

So wie die Abgeordneten werden auch die Bürger als Gesetzgeber Fehler machen. Auch sie haben das Recht auf Irrtum. Dann aber können sie niemandem einen Vorwurf machen als sich selbst. Was die Politikverdrossenheit mindern wird. Die Schweizer schwören auf ihre direkte Demokratie und fühlen sich deutlich besser dabei, selbst wenn sie nicht alle mitmachen. Die zu entscheidenden Fragen halten allerdings immer die Spielregeln der bestehenden Eigentumsordnung ein, mit der die Mehrheit der Schweizer, aus bekannten Gründen, nicht schlecht gefahren ist.

So oder so wird man über das bisher Praktizierte hinausgehen müssen, nämlich über plebiszitäre Formen wie Volksabstimmung und Volksentscheid, in denen die Bevölkerung zu vorformulierten Angeboten ja oder nein sagen kann. Das Wertvolle daran wäre die um Sachkenntnis ringende Debatte im Vorfeld, sofern sie von den Interessen der Privat- und Parteien-Medien nicht dominiert würde. Ein Schritt weiter wären **Volksbegehren**, bei denen die Basis vorgibt, worüber entschieden werden soll. Weshalb die Hürden dafür in den Bundesländern fast unüberwindbar hoch sind, während sie im Bund, wo es über lokale Belange hinausgeht, also **für Richtungsentscheidungen, untersagt** sind. Ohne Teilhabe an Richtungsentscheidungen aber keine Selbstermächtigung.

Schließt die grundrechtliche Mitwirkungsbefugnis überhaupt eine Befugnis zur Richtungsänderung, eine gegen den Kapitalismus und die ihn absichernde repräsentative Demokratie, ein? Gegen die Occupy-Bewegung der USA, die sich für Bankenkontrolle und eine echte Sozialpolitik einsetzt, ist brutal vorgegangen worden, wie Naomi Wolf, die selbst verhaftet war, aufdeckt (*Guardian*, 29. 12. 2012). Nicht nur unter Missbrauch des Titels «Rat» hat der *Domestic Security Alliance Council*, ein seit 2005 bestehender Ausschuss aus Vertretern des FBI und den 200 größten Banken und Konzernen der USA, in Zusammenarbeit mit der Polizei die Bewegung bespitzelt, vielerorts zusammengeschlagen und kriminalisiert. Erkenntnisse über Mordpläne gegen Aktivisten wurden an die Betroffenen nicht weitergegeben. Menschen, die friedlich die Systemfrage stellen, müssen davon ausgehen, von **De-facto-Geheimdiensten der Wirtschaft** als «terroristisches Ziel» bekämpft zu werden.

Wird auch der Verfassungsschutz solche Aktivitäten absichtlich missverstehen, sie als gegen die freiheitlich-demokratische Grundordnung gerichtet einstufen und als extremistisch verfolgen? Was mit dieser ominösen Ordnung gemeint ist, wurde nur ein einziges Mal juristisch definiert, nämlich 1952 vom Bundesverfassungsgericht anlässlich des Verbotes der Sozialistischen Reichspartei. Das Gericht hatte darauf verwiesen, dass laut Artikel 79 Grundgesetz «der elementare Kernbereich der Verfassung» unverändert bleiben müsse. Und dann hat es diesen Kernbereich so definitiv beschrieben, dass man nur staunen kann, weshalb der Verfassungsschutz nicht längst die ganze Regierung verhaftet hat.

Diese unveränderlichen Prinzipien der **freiheitlich-demokratischen Grundordnung** sind: «Die Achtung vor den im Grundgesetz konkretisierten Menschenrechten, vor allem vor dem Recht der Persönlichkeit auf Leben und freie Entfaltung, die Volkssouveränität (hört, hört, hier erhielt sie zum einzigen Mal Verfassungsrang! D. D.), die Gewaltenteilung, die Verantwortlichkeit der Regierung, die Gesetzmäßigkeit der Verwaltung, die Unabhängigkeit der Gerichte, das Mehrparteiensystem und die Chancengleichheit für alle politischen Parteien mit dem Recht auf verfassungsmäßige Bildung und Ausübung einer Opposition».

Vergleicht man diesen Anspruch mit der Realität, wird sinnfällig, weshalb es höchste Zeit ist, den Staat in Besitz zu nehmen: Volkssouveränität existiert nicht, und es ist auch nicht beabsichtigt, dass sie existiert. Gewaltenteilung existiert so gut wie nicht, weil wie beschrieben die Verantwortlichkeit der Regierung auf die Wirtschaft übergegangen ist und die Unabhängigkeit der Justiz eingeschränkt ist. Durch die Praxis der Parteienspenden und der ungleichen Zuwendung der Großmedien existiert keine Chancengleichheit für alle politischen Parteien, vielmehr werden Parteien, welche die Kapitalmacht begrenzen wollen, klar benachteiligt. Wenn zum Recht der Persönlichkeit auf freie Entfaltung auch das Recht auf politische Teilhabe gehört, dazu alle Menschenrechte der UN-Charta, wie das Recht auf Informationsfreiheit, das

Asylrecht, das Recht auf soziale Sicherheit, das Recht auf Arbeit, das Recht auf gleiche höhere Bildung für alle Befähigten, das Recht auf gleiche Teilhabe am kulturellen Leben und am wissenschaftlichen Fortschritt, so ist auch die Entfaltung der Persönlichkeit begrenzt statt frei.

Es wird also höchste Zeit, die freiheitlich-demokratische Grundordnung zu verteidigen. 1956, als die KPD verboten wurde, hat das Bundesverfassungsgericht diese Ordnung noch um einen Grundsatz erweitert: Im Widerspruch zur FdGo steht ein verbal und tätlich aggressives Verhalten gegen ihre Prinzipien in der Öffentlichkeit. Oje, mit solcher politischen Gummirechtsprechung könnte es eng werden. Was ist verbal aggressiv? Graffiti 1990 auf der Berliner Mauer: **Das Kapital ist schlauer, Geld ist die Mauer.**

Damit «der Mensch nicht zum Aufstand gegen Tyrannei und Unterdrückung als letztem Mittel gezwungen wird», heißt es in der Präambel der UN-Menschenrechtscharta, sei es wesentlich, «die Menschenrechte durch die Herrschaft des Rechts zu schützen». Genau darum und um nichts anderes geht es hier die ganze Zeit.

Um die FdGo zu retten, wäre also eine Verfassungsänderung nötig. Da trifft es sich gut, dass eine Volksabstimmung zur Verfassungsänderung sowieso im Gespräch ist. Mit der Neufassung von Artikel 146 Grundgesetz ist sie geradezu als Auftrag formuliert: das Grundgesetz eines Tages abzulösen durch etwas in der Bundesrepublik nie Dagewesenes, eine vom Volk in freier Entscheidung beschlossene Verfassung. Warum sollte der vermeintliche Souverän nur gefragt werden, wenn es um die Abgabe von Souveränität an Europa geht? Dieser Wermutstropfen wäre verdaulicher, wenn gleichzeitig bürgernahe Elemente der Räte eingeführt würden. Vorbild für die Prozedur sind für Hannah Arendt die Entwürfe der verfassunggebenden Versammlungen in Amerika, die nicht einfach als Fertigprodukt vom Volk ratifiziert wurden. Vielmehr wurde die ursprüngliche Verfassung bis in die Details in *townhall meetings* diskutiert und die spätere Verfassung der USA immerhin noch in den Länderparlamenten erörtert. Es wäre töricht, hier künftige Strukturen im Detail vorhersagen zu wollen, vielmehr ist ein permanenter Prozess zu erwarten, in dem die jeweiligen Lösungen aus der praktischen Notwendigkeit erwachsen.

Wir sind das Volk – das wurde uns 1989 gerade noch zugestanden. Es ist ja auch schwer zu bestreiten. Das *We are the 99 percent* der Occupy-Wallstreet-Bewegung bleibt letztlich zu vernachlässigen, wenn daraus keine rechtlichen Ansprüche abgeleitet werden. «Don't occupy the system, occupy the law!», brachte es der Rechtstheoretiker Dan Wielsch auf den Punkt (*FAZ*, 23.5.2012). Die 99 Prozent müssen zum Gesetzgeber werden. Nicht jeder Durchführungsverordnung natürlich, sondern der Gesetze mit Richtungskompetenz. Wer die Legislative instandbesetzt, ist der Souverän. Diese Occupisten können stolz sagen: Wir sind der Staat. Wer diesen Stolz derzeit beansprucht, sehen wir. Wer ihn beanspruchen wird, muss sich zeigen.

6. WER SOUVERÄN SEIN WILL, MUSS souverän SEIN

Eigentum und Recht und Freiheit: eine Lektion Volkshochschule

> Freiheit des Willens heißt nichts anderes als die Fähigkeit, mit Sachkenntnis entscheiden zu können.
>
> *G. W. F. Hegel*

Ja wollen denn die Massen überhaupt souverän sein? Wollen sie mitregieren? Ist dieses ganze Rätewesen nicht viel zu anstrengend und zeitaufwendig? Haben nicht viele schon die ernüchternde Erfahrung gemacht, gegen Wände zu laufen und nichts bewegen zu können? Haben sie nicht genug mit ihrem Existenzkampf zu tun, damit, eine Arbeit zu finden oder diese nicht zu verlieren? Ist diese ganze Basisdemokratie (eigentlich eine Tautologie), diese ganze Selbstverwaltung, nicht ein Luxus? Etwas für bessere Zeiten, in denen die tägliche Arbeit auf vier Stunden am Tag verkürzt und dank dessen jeder beschäftigt sein wird? Auch damit, seiner Freizeit einen Sinn zu geben? Wenn deshalb die sogenannten bildungsfernen Schichten auf ein Minimum reduziert sind?

Da beißt sich die Katze in den Schwanz. Um zu dieser Gesellschaft der Freien und Gleichen zu gelangen, bedarf es jetzt schon derer, die dort erst möglich werden. «Alle großen Ideen scheitern an den Leuten», ironisierte Bertolt Brecht und konnte dennoch nicht davon lassen, ebendiese Leute aufzuklären, notfalls provozierend didaktisch. **Occupy the law** – das führt zwangsläufig zu der Frage, wie das Volk als Gesetzgeber beschaffen sein muss. Der etwas tümelnde Begriff des Volkes darf den Einzelnen nicht auslöschen. Wenn es stimmt, dass der freiheitliche Staat von der moralischen Substanz der Einzelnen lebt, dann müssen diese Einzelnen in ihrem Ich gestärkt werden. Was wiederum durch nichts mehr Erfolg haben dürfte, als sie stärker in den demokratischen Prozess einzubeziehen.

Dem wäre entgegenzuhalten, dass die Summe der Einzelnen nur über den Gemeinschaftswillen, den volonté général, wirksam wird. Dieser aber kann umso eher ermittelt werden, je mehr Einzelne sich aktiv einbringen. Und sich im Medienzeitalter durch Sachkunde vor den Gefahren der Manipulation schützen können. Dennoch soll die Gefahr, dass eine unsouveräne Basis erneut falsche Propheten erhören könnte, nicht kleingeredet werden. Ende 1932 warnte der Anarchist Erich Mühsam in seiner Schrift «Die Befreiung der Gesellschaft vom Staat»:

«Alle Zähldemokratie bedeutet nur die Vergewaltigung der Tätigen durch die Untätigen. Die Behauptung, die Arbeiter seien bereits die handelnde Kraft der Gesellschaft, sie hätten bereits sozialistische Schulung, sozialistischen Willen, Selbstvertrauen und kritisches Urteil genug, um die Wirkung ihrer Stimmzettel richtig zu bemessen, ist irreführende Lüge. Die ungeheure Überzahl der Arbeiter und aller von den Reichtümern Ausgeschlossenen hat gar kein Vertrauen zu sich selbst, aber auch sehr wenig Vertrauen zu denen, die sie nur darum mit Macht bekleiden, weil sie sich selbst die Ordnung der eigenen Dinge nicht glauben zumuten zu dürfen. Sie sind durch autoritäre Beeinflussung entmutigt, selber befreiende Unternehmungen zu wagen; sie sind aber von denselben autoritären Kräften dazu erzogen, befreiende Wagnisse anderer nicht zuzulassen. Darum bildet die Riesenzahl der am Kampf nicht unmittelbar teilnehmenden Schichten eine außerordentlich große Gefahr für den sozialen Sieg der politischen Revolution.»

Eineinhalb Jahre später wurde Erich Mühsam im KZ Oranienburg von der SS ermordet. Hat uns das noch irgendetwas zu sagen? Wir leben in einem gefestigten Rechtsstaat, und die Bürger haben im Vergleich zum vorigen Jahrhundert ihre souveränen Kompetenzen zweifellos erweitert. Noch nie war der Bildungsstand so hoch. Aber diese Errungenschaft ist, wie alles, sehr ungleich verteilt. Je weniger beteiligt und gebildet, je größer auch heute die Gefahr, manipuliert und verführt zu werden. Je ausgegrenzter, je gedemütigter – je gefährlicher gegen sich selbst oder andere. Gefährlich gerade auch im Nichtstun. Ohne die von Mühsam beschriebene Riesenzahl von Ausgeschlossenen hätte der Faschismus nicht siegen können. Deshalb müssen die Aktivbürger ein ureigenes Interesse haben, so viele Mitstreiter wie möglich zu gewinnen. Souverän kann nur ein **politisch gebildeter Citoyen** sein. Das ist klar und doch eins der größten Probleme.

Wie ist eine Demokratie zu organisieren, an der teilzunehmen tatsächlich auch für die vielbeschworene Basis interessant ist – für die klassischen Arbeiter, die kleinen Angestellten und Ladenbesitzer, die Dienstleistenden, Migranten und Arbeitslosen? Eine Demokratie, deren Belange nicht nur durch die gebildeten Mittelschichten vertreten werden, so willkommen diese Akteure natürlich sind. Wie also kann die Gesellschaft dank einer breiteren Aktivbürgerschaft aus der Zuschauerdemokratie heraustreten? Wenn der Staat Instrument der Eliten ist, dann muss das Volk eben elitärer werden.

Je detaillierter eine Utopie, desto mehr wird sie zur reinen Phantasie. Also phantasieren wir: Wäre zum Lenken eines Staates nicht wie zum Lenken eines Autos eine Erlaubnis angebracht? (Der Missbrauch beider Instrumente hat immerhin eine vergleichbare Gemeingefährlichkeit.) Mutet es allzu befremdlich an, wenn man dabei ebenfalls an eine theoretische oder eine praktische Prüfung denkt? Teilhabe setzt auch anderswo Qualifikation voraus. Andererseits muss der Gleichheitssatz für die politische Teilhabe bedacht werden. Es ginge hier nicht um Grundrechte wie das Wählen, sondern um **Zusatzrechte, die es bisher nicht gib**t. Etwa das Recht auf Teilnahme an Bürgerversammlungen auf allen Ebenen, die Delegierte für die nächsthöhere Ebene wählen, zu der Gesetzesvorschläge weitergegeben werden. Die letzte Ebene hätte ein Befassungs- und Vetorecht dem Parlament gegenüber. Das wäre zunächst eine beratende Parallelstruktur von Räten. Sollte sich herausstellen, dass diese mit ihrer Schwarmintelligenz erfindungsreicher und kompetenter als die hierarchisch organisierten Partei-Parlamentarier sind, müssten die Räte das «Letztentscheidungsrecht» erkämpfen.

Damit das Bildungsbürgertum nicht bevorzugt wird, könnte die praktische Befähigung auf dem Nachweis eines Zivildienstes, eines Praktikums, einer ehrenamtlichen oder öffentlichen Tätigkeit in sozialen und pflegerischen Einrichtungen, in dem Gemeinwohl verpflichteten NGOs oder Vereinen, in Hilfsprojekten in den Entwicklungsländern und dergleichen beruhen. Auf niemanden dürfte Druck ausgeübt werden, eine solche Fahrerlaubnis für die Demokratie, ein «**Demokratie-Diplom**», erlangen zu sollen. Der Abschluss wäre aber nicht nur mit dem Privileg der Lobbyarbeit für eigene Interessen verbunden. Wenn Aktivbürger von der Gesellschaft wirklich gewollt sind, könnte sie auch einen materiellen Anreiz schaffen. Ähnlich wie Kindererziehung könnte die Erziehung der Demokratie einige Punkte zur Rentenversicherung erbringen.

Heute wird der Bürger im offiziellen Sprachgebrauch gern auf den Steuerzahler reduziert – das ist die einzige Aktivität, die der Staat von ihm erwartet. Dabei wäre es konsequent, würde man erst als gelegentlicher Steuerverweigerer zum Bürger. An politischen Gründen mangelt es nicht. Immerhin haben wir das wachsende Heer von Wutbürgern. Aus ihnen rekrutiert sich die Aktivbürgerschaft. Dafür gibt es viele ermutigende Beispiele im In- und Ausland.

Wofür hat das brasilianische Porto Alegre 1996 von

der UNO den Titel ***Welthauptstadt der Demokratie*** verliehen bekommen? Die bankrotte Stadt hatte als erste mit einer Linkskoalition erfolgreich einen Bürgerhaushalt eingeführt. Tausende Bewohner wurden in Haushaltsrecht und Moderation von Versammlungen qualifiziert, um in den 17 Stadtteilen regelmäßig Bürgerversammlungen durchzuführen. Es geht um Stadtentwicklung, Verkehr, Tourismus, Kultur, Bildung, Gesundheit – eigentlich alles. Die Verbindlichkeit der Vorschläge ist sehr hoch, sodass es eine De-facto-Entscheidungskompetenz gegenüber der Gemeinde gibt. Schon bald erhöhte sich die Zahl der Häuser mit Anschluss an die Trink- und Abwasserleitung von 46 auf 84 Prozent. Mit dem sichtbaren Erfolg stieg das Interesse der Bewohner an ihrer Kommune, auch unter den Ärmeren. Inzwischen sind mehr als hunderttausend Bürger einbezogen. Porto Alegre hat die höchste Alphabetisierungsrate in Brasilien, und der Lebensstandard liegt über dem anderer Städte des Landes. Und schließlich haben Bürger der Stadt das Weltsozialforum gegründet.

Die Idee des Bürgerhaushaltes hat weltweit Nachahmung gefunden, in Deutschland zunächst in Berlin-Lichtenberg, dann in vielen anderen Städten. Berlins Weg zur Hauptstadt der Basis-Demokratie scheint allerdings von guten Absichten verbaut. 2006 hat der rot-rote Senat durch eine Verfassungsänderung die **Volksgesetzgebung als Instrument der direkten Demokratie** gestärkt und sie der Parlamentsgesetzgebung als gleichwertig erachtet.

Nicht faul, hat sich sogleich, in Anlehnung an den Runden Tisch, der **Berliner Wassertisch** aufgestellt und gegen die Privatisierung der Berliner Wasserbetriebe ein Volksbegehren ins Leben gerufen. Denn die Hauptstädter waren wütend über die unverhältnismäßigen Preissteigerungen. 666 000 Unterschriften verlangten: «Schluss mit Geheimverträgen – wir Berliner wollen unser Wasser zurück.»

Es war durchgesickert, dass den Teilhabern der Berliner Wasserbetriebe vertraglich eine jährliche Rendite zwischen 11 und 13 Prozent garantiert wurde, was bei einem Monopolbetrieb mit Anschluss- und Nutzungszwang eine Lizenz zum Gelddrucken bedeutet. Präziser gesagt zum Geldklauen, denn gedruckt wird es ja nicht, sondern aus den Taschen der Verbraucher gefischt. Der Senat erklärte den Gesetzentwurf des Volksbegehrens für unzulässig, dem widersprach das Landesverfassungsgericht. Ein Gutachten des Bundeskartellamtes bestätigte, dass im Vergleich zu anderen Großstädten der Wasserpreis und die Gewinne daraus weit überhöht seien. In der überregionalen und selbst Berliner Presse fand man dazu herzlich wenig, die zeigte sich staatstragend und boykottierte die Aktivbürger. Doch schließlich war der Jubel unter den Berlinern groß: Das erste vom Volk formulierte Gesetz in der Geschichte der Bundesrepublik musste im Februar 2011 beschlossen werden. Es verlangte die Offenlegung und Änderung der Verträge.

Zwei Jahre später zieht der Wassertisch ernüchtert Bilanz: Zwar habe der Senat unter dem öffentlichen Druck privatisierte Anteile verlustreich zurückgekauft und die Wasserpreise geringfügig gesenkt. Dennoch habe der neue Finanzsenator Gesetzeslücken gefunden, mit denen er das **Volksgesetz zur Farce** machen konnte. Obwohl das Landesverfassungsgericht darauf verwiesen hatte, dass Wasser zur Daseinsvorsorge gehört und sich das Land daher nicht aus dem öffentlichen Recht verabschieden darf, ist das Shareholder-Agreement über die Renditen geheim geblieben, weil es sich mit den Unternehmen um privatrechtliche Verträge handelt, die das Land offenbar als höheres Rechtsgut ansieht. Wie schon beim Bankenskandal berief sich der Senat auf seine Schweigepflicht.

So sind die Unzulänglichkeiten des Volksbegehren-Gesetzes offensichtlich geworden – die Initiatoren haben weder Einfluss darauf, ob und wie ihr Gesetz umgesetzt wird, noch haben sie ein Klagerecht. Wir hätten unser Gesetz auch «wasserdichter» formulieren können, meinen die Vertrauensleute, aber schließlich hätten sie zum ersten Mal im Leben eine Volksabstimmung durchgesetzt. Aus ihren Erfahrungen werden andere lernen – inzwischen gibt es in Berlin auch einen S-Bahn-Tisch gegen Privatisierung und einen Energie-Tisch …

Die Bürger wollen nicht Unternehmen subventionieren, die sowieso Milliardengewinne machen wie die großen Energiekonzerne. Müssen sie aber. Im Jahr 2013 werden durch das Erneuerbare-Energien-Gesetz mit seinem Dschungel von Ausnahmeregelungen 2000 energieintensive Firmen von den Netzpreisen befreit sein. Womit Energieverschwendung steuerlich begünstigt wird.

Neben Zementfabriken, Hühnermasten und ALDI sind – hört, hört – auch Golfplätze und Rechenzentren befreit. Die Zusatzbelastung für diese legalen, aber nicht legitimen Privilegien der Wirtschaftselite geht an die Bürger. Es sollen pro Jahr über vier Milliarden Euro sein. Die meisten lassen es ohnmächtig über sich ergehen.

Die Bewussteren beteiligen sich an Bürger-Energiegenossenschaften. Oder eben an Energie-Tischen. Vom Wasser-Tisch haben sie gelernt, dass dem Volksgesetzgeber der **Status eines «Organs»** eingeräumt werden muss, damit es *neben* dem Parlament selbst den Weg der Verfassungsgerichtbarkeit beschreiten kann. Warum lernt man so was an keiner Schule und keiner Universität? Wäre das nicht etwas für Volkshochschulen?

Sieht man sich deren Programme an, so überwiegen die Bildungsangebote, die marktkonform machen. Diese Fähigkeit ist im Business gefragt und daher vermutlich an den Volkshochschulen nachgefragt: Intensivkurs Selbstmarketing-Strategien, Körpersprache im Unternehmen, Knigge aktuell, berufliches Coaching, Gehirnjogging und Stressbewältigung. Ein Vortrag über Gemeinwohlökonomie ist da eher die Ausnahme. Politische Themen werden, ganz Fernsehformat, mit dem Event des Kochens verbunden und dürften entsprechenden Tiefgang haben: «Talk am Topf» oder «Philosophisches Abendessen».

Doch die Nase ist leicht gerümpft, ein mobilisierendes Angebot für politische Bildung aber schwer gemacht. In der DDR gab es einst das Fach **Staatsbürgerkunde**. Ein guter Name für eine gute Idee, aber das Fach war das bestgehasste. Weil man da nur Marxismus-Leninismus vorgesetzt bekam. Die Lektüre von Marx, Engels und Lenin schult zweifellos analytisches Denken in gesellschaftlichen Zusammenhängen, aber wenn dann die Reden der eignen Parteiführung zu studieren waren und es vor allem keine Widerrede gab – einfach ätzend. Auch an bundesrepublikanischen Bildungseinrichtungen wie Polizeischulen gab es anfangs Staatsbürgerkunde, sogar als Prüfungsfach. Vermutlich hat man sich später, um sich von der DDR-Praxis zu distanzieren, davon verabschiedet.

Ist nicht dennoch die Zeit gekommen, dass man, souveräner geworden, den richtigen Ansatz nun auch mit den nötigen Inhalten füllen könnte? Ein Fach Staatsbürgerkunde an Schulen und Volkshochschulen, als «Occupy-Intensivkurs». Das müsste keineswegs langweilig sein, wenn die verborgene Realität aufgespürt und der Mut zu eigenem Zu-Ende-Denken gelehrt würde. Wozu mein Vorschlag für eine Einstiegslektion anregen soll:

Besonders dringlich scheint mir, was Pierre Bourdieu die **ökonomische Alphabetisierung der Massen** nannte. Neun von zehn Deutschen wollen eine andere Wirtschaftsordnung – aber wissen sie, was sie wollen? Sicher, sie wollen nicht übers Ohr gehauen werden. Aber wollen sie wirklich die Mühe auf sich nehmen, der Obrigkeit in die Bilanzen zu schauen? Dann werden sie im Kurs erfahren, dass im Negativkatalog für Volksbegehren in fast allen Kommunalordnungen Themen wie Haushaltssatzung und Vermögensangelegenheiten stehen. Das heißt, da kommt man unter den jetzigen Verhältnissen nicht ran. Zudem werden sie staunen, wie selbst Wirtschaftswissenschaftler und Juristen, allein wenn es um die Grundbegriffe geht, sich heftig widersprechen.

Begriffe wie Gemeineigentum, Öffentliches Eigentum oder Staatseigentum werden oft synonym benutzt. Das ist unscharf, ja verwirrend. Aber nicht leicht aufzuklären. Ich suche unter den 4200 Stichwörtern von «Becks Wirtschaftslexikon» den durchaus gebräuchlichen Ausdruck ***Staatseigentum***. Gibt es nicht. Genauso wenig wie im «Juristischen Lexikon». Wiki? Fehlanzeige. Im ganzen Internet gelingt es mir nicht, eine brauchbare Definition dafür zu finden, was Staatseigentum im bürgerlichen Staat bedeutet, erst recht keine Erklärung, wem in dieser Eigentumsform was gehört. Bei einem Professor finde ich immerhin, dass Wald im Staatseigentum den Einkommenswünschen des Finanzministers ausgesetzt ist und es daher zu hohen Abholzraten kommt. Indiz für **fragwürdige Verfügungsmacht** in dieser Eigentumskonstruktion.

Vielleicht träfen wir in dem Volkhochschulkurs jemanden von der Gewerkschaft. Der könnte uns daran erinnern, wie anlässlich einer schweren Absatzkrise die IG Metall 1985 die «Vergesellschaftung der Stahlindustrie» gefordert hat. Zu diesem Zweck sollten die privaten Aktionäre nach Artikel 15 Grundgesetz enteignet und entschädigt werden. Nach einer Übergangsphase sollten Bund und Länder Alleinaktionäre sein. In ihrem «Stahlpolitischen Programm» erläuterte die Gewerkschaft dazu, dass eine reine Änderung der Eigentumsverhältnisse nicht ausreichend sei, wie der Blick auf die Praxis einzelner, in Staatseigentum befindlicher Unternehmen zeige. «Im Gegensatz zur Verstaatlichung umschließt der Begriff Vergesellschaftung neben der Änderung der Eigentumsverhältnisse auch die Änderung der Verfügungsmacht über die Produktionsmittel.» Diese müsste für gesellschaftliche Ziele genutzt werden, also für die Sicherung des Stahlstandortes und damit der Beschäftigung und des sozialen Status der Arbeiter.

Erstaunlich. Staatseigentum plus Verfügungsmacht gleich **Vergesellschaftung**? Als ob man das Staatseigentum durch politische Auflagen in vergesellschaftetes Eigentum überführen könnte. So scheinen auch linke Politiker zu denken, wie man ihren in diesem zentralen Punkt bedenklich unklaren Programmen entnehmen kann. Das ist überraschend unjuristisch, rechtsfern gedacht. Eigentum wechselt durch Verkauf, durch Insolvenz, durch Enteignung … durch alles Mögliche, nur nicht durch politische Ziele. Sicher, Eigentum ist ein gesellschaftliches Verhältnis. Die Verfügungen kommen und gehen mit der politischen Wetterlage, der Eigentümer aber bleibt. Die Art der Eingriffsrechte ändert nichts daran, wem etwas gehört. Wenn das existierende Staatseigentum plus die existierende gewerkschaftliche Verfügungsmacht auch nur ansatzweise etwas mit Vergesellschaftung zu tun hätte, wie könnte dann dieses Staatseigentum gegen den eindeutigen Mehrheitswillen der Gesellschaft permanent privatisiert werden? Da genügt ein Vorschlag des Wirtschaftsministers plus die Mehrheit der Regierungskoalition im Parlament – die sich im Besitz von Verfügungsmacht Glaubenden werden bestenfalls benachrichtigt. Die erste Frage muss immer sein: **Wem gehört es?**

Denn in einem Staat mit Eigentumsgarantie sitzt der Eigentümer letztlich am längeren Hebel. Und da jeder Staat das Eigentum garantiert – das ist seine Hauptaufgabe –, sitzt der Eigentümer *immer* am längeren Hebel. Die östlichen Staaten haben das Volkseigentum (im Grundgesetz Gemeineigentum genannt) garantiert, die westlichen das Privateigentum. Anderes Eigentum gibt es letztlich auch nicht. Das Gerede von Pluralisierung der Eigentumsformen ist juristisch gesehen zeitkonformer Nonsens. Das ist der **mutlose Verzicht auf Eindeutigkeit**.

Mit viel Geduld ließe sich für den Kurs einer der wenigen nüchternen Staatsrechtler gewinnen, die nach hartnäckigem Nachfragen Licht ins beabsichtigte Dunkel bringen: Das **Gemeineigentum** gehört allen Staatsbürgern. Die Verfügungsgewalt ist gesetzlich zu regeln. Das Privateigentum gehört einer natürlichen oder juristischen Person, die über die Verfügung selbst bestimmt. Das Grundgesetz kennt nur diese beiden Formen. Die bundesdeutsche Praxis kennt nur eine Form: **Privateigentum**. Eigentum ist laut BGB § 903 immer ein Herrschaftsrecht über eine Sache. Staatseigentum ist das Herrschaftsrecht der juristischen Person Staat. Eigentum juristischer Personen ist Privateigentum, auch wenn es kollektiven Verfügungsrechten unterliegt – in dem Fall wahrgenommen durch Regierung und Parlament. Diese Verfügungsmöglichkeit macht das Staatseigentum zweifellos zu einem einmaligen, schwer durchschaubaren, Begehrlichkeiten weckenden Konstrukt, was aber nichts an seiner grundlegenden Rechtsform ändert: **Staatseigentum ist Privateigentum** des Staates. Kommunales Eigentum ist das Privateigentum der Kommune. Genossenschaftliches Eigentum ist das gemeinschaftlich genutzte Privateigentum der Genossenschaftler. Belegschaftseigentum ist das gemeinschaftlich genutzte Privateigentum der Belegschaft. Aktionärseigentum ist übrigens auch gemeinschaftlich genutztes Privateigentum von Anlegern in einem Unternehmen.

Besonders irreführend ist der Begriff **Öffentliches Eigentum**. Der ist nämlich eine Leerformel, ein Etikettenschwindel. Man kann getrost sagen, so unser Staatsrechtler, es gibt ihn aus Mangel an Rechtsmaterie gar nicht. Öffentliches Eigentum ist ebenfalls, durch allgemeine Interessen beschränktes, Privateigentum. Juristische Personen wie der Staat oder Religionsgemeinschaften können ihr Privateigentum durch Widmung, also Zweckbestimmung und praktische Nutzung, öffentlich zugänglich machen. Man kann sich das wie eine auf Privateigentum lastende, öffentliche Dienstbarkeit vorstellen. Doch die Rechte der Allgemeinheit sind kein ins Grundbuch eintragungsfähiges Recht. Die Widmung kann jederzeit gekündigt werden, dann muss der Verwalter die Sache kraft Privatrechts an den Eigentümer zurückgeben. Die sogenannte Öffentlichkeit hat keine Stimme. Bei der Privatisierung öffentlichen Eigentums wird also gebundenes staatliches Privateigentum in ungebundenes Privateigentum umgewandelt.

Noch intransparenter als das öffentliche oder gebundene staatliche Eigentum ist also das nichtöffentliche oder **ungebundene staatliche Eigentum**. Darüber weiß der um souveränes Wissen ringende Staatsbürger so gut wie gar nichts. Ich mache da keine Ausnahme. Gute Gelegenheit, im Kurs nachzufragen. Können wir davon ausgehen, dass Staatseigentum in jedem Fall ans Allgemeinwohl gebunden ist – **Eigentum verpflichtet, Staatseigentum erst recht?** Oder ist es ohne die Widmung für öffentliche Zwecke eigentlich zweckentfremdet? Auf diese Fragen wird uns vermutlich niemand antworten wollen.

Wie ist das mit den 25 Prozent staatlichen Anteilen an der angeschlagenen Commerzbank, in vorauseilender Hilfe während der Krise erworben? Sind die öffentlich gewidmet, also zweckgebunden an das Gemeinwohl, oder ist das stinknormales unternehmerisches Privateigentum einer umfassend rechtsfähigen juristischen Person? Mit den üblichen Geschäftsgeheimnissen des privaten Rechts, an denen auch der Wasser-Tisch gescheitert ist? Unterliegen alle staatlichen Beteiligungen und Unternehmen den gleichen Zwängen der Gewinnmaximierung wie jedes privatwirtschaftliche Unternehmen?

Wieso kann es sich die Bahn als letzter Staatskonzern leisten, dem Chef zweieinhalb Millionen Euro Jahresgehalt zu zahlen? Für geleistete Streckenstilllegung, Preiserhöhung und Bespitzelung von Aufsichtsräten und Mitarbeitern? Die Bahn ist 1994 in die private Rechtsform einer Aktiengesellschaft überführt worden, hört man, da müsse und wolle der Staat sich raushalten. Alles Volksverdummung. Welche Unternehmensform die Bahn vorher auch immer hatte – es gibt nichts anderes als private Rechtsformen. Hat man als Lohnabhängiger überhaupt irgendeinen Vorteil, wenn man in einem staatlichen Betrieb arbeitet? Zahlt der Staat für seine Gewinne Steuern? Zahlt er Boni? Wer kocht den Siegesschmaus? Wer bezahlt die Spesen? Wer prüft die Haushaltsbücher? Wer kontrolliert Gott? So viele Fragen, die im Kurs als **Fragen einer lesenden Arbeiterin** unbeantwortet stehenbleiben dürften.

Soweit ich sehe, wird der Staatsrechtler sagen, haben sich Gewerkschafter, Wirtschaftswissenschaftler und Politiker mit diesen offenbar für juristische Spitzfindigkeiten gehaltenen Zusammenhängen nicht weiter aufgehalten. Sie wollen Verbesserungen für die arbeitende Bevölkerung, und zwar nicht auf dem Papier, sondern im Alltag, nicht nach der nächsten Revolution, sondern heute. Das ist nicht nur legitim, sondern bitter nötig. Als Pragmatiker haben sie die Erfahrung gemacht, dass die Verfügungsgewalt bei dem, was sie unter öffentlichem Eigentum verstehen, deutlich günstiger ist als bei dem, was sie unter Privateigentum verstehen. Das ist zweifellos richtig.

Daraus ziehen sie aber den Schluss, das eine müsse das Gegenteil von dem anderen sein. Und wenn man die staatliche Seite durch politische Forderungen und soziale Bewegungen nur nachhaltig verbessere, dann werde man schon da ankommen, wo man hinwill, nämlich bei der Vergesellschaftung. Deshalb ist für sie das Gegenteil von Privateigentum ein **diffuser Mischmasch** von Staatseigentum, öffentlichem Eigentum und gesellschaftlichem Eigentum – Begriffe, die meist gleichbedeutend verwendet werden. Das ist zweifellos falsch.

Das sogenannte öffentliche Eigentum ist keine demokratische Rechtsform, sondern unter Auflagen, auf die die Bürger keinen Einfluss haben, nur zur öffentlichen Nutzung freigegebenes Privateigentum. Überführung in Staatseigentum hat nichts mit Enteignung zu tun, sondern ist die freundliche oder feindliche Übernahme einer Form privaten Eigentums durch eine andere. Eigentlich wechselt nur der Verwalter. Was maroden Banken, wie der Hypo Real Estate, mitunter sehr recht ist, denn mit dem Verwalter von Staatseigentum lassen sich Verluste sogar noch besser sozialisieren. Wenn die Bank sich erholt hat, gibt der Staat sie den privaten Anlegern dann gern zurück. Ob auf Kosten der Bürger oder nicht, wer erfährt das schon.

Für diesen Vorgang gibt es sogar einen Begriff: *Notverstaatlichung*. Man erinnert sich ungern. Die damals weitgehend staatseigene Dresdner Bank kaufte 1932 von Friedrich Flick zu dem weit überhöhten Preis von 99 Millionen Reichsmark Wertpapiere, die einen Marktwert von 25 Millionen hatten. Flick bedankte sich mit 450 000 Reichsmark für den Wahlfonds von Hindenburg, mit 100 000 Reichsmark für den Geheimfonds der Reichswehr und der gleichen Summe für Reichskanzler Franz von Papen. 1936 kaufte er das Aktienpaket für seine Stahlwerke auf Kosten des Staates mit 33 Millionen Reichsmark Gewinn zurück.

2008 musste der weltgrößte Autohersteller General Motors mit 100 Milliarden Dollar Schulden Insolvenz anmelden. Der Konzern wurde mehrheitlich verstaatlicht, mit der Folge, dass der Steuerzahler die Schulden ausglich, auch für das Tochterunternehmen Opel, und weltweit 47 000 Stellen gestrichen wurden. Nach nur sechzehn Monaten derartiger Rekonstruktion gab der Staat dieses Eigentum nicht etwa der Kommune oder der verbliebenen Belegschaft, sondern Privatanlegern zurück. Der Wiedereinstieg an der Börse war für sie hochprofitabel.

Das Gegenteil von Privateigentum ist nicht Staatseigentum, sondern **Gemeineigentum**. Ein im Grundgesetz als Option angebotener Begriff. Der Staat und seine Kommunen könnten in Rechtsträgerschaft, was im bürgerlichen Recht bisher nicht vorgesehen ist, große Teile des Gemeineigentums verwalten, wenn der Souverän die Kontrolle und das letzte Wort behält. (Man lese nach, wie sich Otto Bauer vor fast hundert Jahren einen paritätisch zusammengesetzten Verwaltungsrat als oberste wirtschaftliche Instanz vorgestellt hat.)

Doch das Angebot des Grundgesetzes hat keine Partei aufgegriffen. Im Godesberger und Berliner Programm der *SPD* taucht er noch in verunklarender Weise auf. Im aktuellen Programm nicht mehr. Ebenso wenig wie im Grundsatzprogramm der *Grünen*, die ihren schmückenden, aber nie verdienten, Zusatz *Bündnis 90* doch endlich streichen sollten. Dass auch die *LINKE* glaubt, in ihrem Programm die heiße Kartoffel Gemeineigentum zugunsten nebliger Umschreibungen fallenlassen zu können, ist ein besonderes Zeugnis von gedanklicher Drückebergerei.

Hat diese Unschärfe praktische Konsequenzen, wird im Kurs gefragt? Ich fürchte, ja. Wenn eine Bewegung den **juristischen Geheim-Code,** mit dem sie operiert, nicht gedanklich knackt, werden ihre politischen Forderungen nicht zielgenau genug sein. Wo private Interessen sich des öffentlichen Bereiches bemächtigen, sind der Korruption Tür und Tor geöffnet. Was gebraucht wird, sind Gesetze gegen die alleinige, privatrechtliche Verfügung von Parlament und Regierung über das Staatseigentum, um Missbrauch künftig auszuschließen. Das Parlament ist stolz auf sein **Königsrecht**, über den Haushalt und das Staatseigentum verfügen zu dürfen, und stolpert nicht über die feudale Zuschreibung.

Da wir im Kurs erfahren werden, wie verstörend auf linke Engagierte die Eröffnung wirkt, das erstrebte Staatseigentum sei in seiner Rechtsform auch nur das verachtete Privateigentum, sei zur Besänftigung noch einmal der alte Engels zu Hilfe geholt: Alle Funktionen des Kapitalisten werden nach der Verstaatlichung von «besoldeten Angestellten versehen», meinte er. Je mehr Produktivkräfte der Staat in sein Eigentum nimmt, «desto mehr wird er wirklicher Gesamtkapitalist, desto mehr Staatsbürger beutet er aus». Schon mal einen Gesamtkapitalisten gesehen, der etwas anderes als Privateigentum besessen hätte? Staatseigentum sei nicht die Lösung des Konflikts, so Engels, aber es berge in sich «die Handhabe der Lösung». Wenn nämlich die Gesellschaft Besitz ergreift von den Produktivkräften. Besitz ergreifen – nicht Mitbestimmung erbitten. Vergesellschaftung bedeutete für ihn, dass «nicht die Bürokratenklasse entscheidet, sondern die Produzenten».

Damit befindet sich Engels übrigens vollkommen in Übereinstimmung mit dem Grundgesetz, das sich in Artikel 15 *Vergesellschaftung* auch nur auf der Basis von Gemeineigentum und Gemeinwirtschaft vorstellen kann. Erst wenn das Königsrecht bei den Bürgern angekommen ist, sind wir ökonomisch souverän. Der Wohlfahrtsstaat wird nur kommen, wenn wir unser Wohl nicht fahren lassen. Vergesellschaftung bedeutet die von den Bürgern genutzte Möglichkeit, über ihr Gemeineigentum zu verfügen. Staatseigentum verhindert Vergesellschaftung. Gemeingüter verdienen einen verfassungsmäßigen Schutz vor Privatisierung und damit eben auch vor Verstaatlichung. So wie sich einst die Trennung von Kirche und Staat als Emanzipation erwies, muss heute die **Trennung von Eigentum und Staat** vorbereitet werden.

7. WER souverän IST, ÜBERSCHREITET GRENZEN

Schritt für Schritt in eine unverfälschte Demokratie

> Mit dem Gegensatz der Klassen im Innern der Nationen fällt die feindliche Stellung der Nationen gegeneinander.
> *Marx, Engels, Kommunistisches Manifest*

Was nutzt die Eroberung von Souveränität in einem Raum, in dem kaum noch souveräne Entscheidungen fallen? Vergeuden wir hier nicht unsere Zeit mit Überlegungen, die letztlich nur zur Simulation von Demokratie führen?

Das Gegenteil ist der Fall. Auch wenn zum Beweis mehrere Lektionen an der Volkshochschule nötig wären, was den Rahmen dieser Streitschrift sprengt. Offensichtlich dürfte sein: Nicht nur die Arbeiter haben kein Vaterland – die hier behandelten Probleme auch nicht. In der ganzen westlichen Welt beweist die unerträgliche Kluft zwischen Arm und Reich, wie ungelöst die Frage von Gewaltenteilung und Volkssouveränität ist, wie reformbedürftig das Recht, wie abhängig von Gewinn-Interessen die Medien, wie mächtig die Wirtschaft und ohnmächtig die parlamentarische Demokratie.

Die hier behandelten **systemrelevanten Defizite machen nicht vor Ländergrenzen halt**, was die Sache einerseits verkompliziert und sie andererseits auch vereinfacht. Es macht sie schwerer, weil multikulturell, multisozial und mehrsprachig gedacht und dennoch im wohlverstandenen Eigeninteresse gemeinsam, solidarisch, gehandelt werden muss. Es macht die Sache einfacher, weil die Dimension der Konflikte Klein-klein-Lösungen von Anfang an ausschließt. Das Kapital hat dankenswerterweise die nationalen Grenzen gesprengt und damit die Infrastruktur geschaffen, die Demokratie braucht, um politische Handlungsfähigkeit zurückzugewinnen. Wirtschaftsdemokratie ist nationalstaatlich nicht mehr durchsetzbar. Europa kann durch die nationalen Demokratien nicht mehr gestaltet, nur noch gebremst werden. Doch die europäische Demokratie ist noch eine Baustelle, die internationale eine Brache.

Es ist ein geradezu antagonistischer Widerspruch, wenn die demokratische Legitimation der Entscheidungsträger heute immer noch formal an Staatsgrenzen endet, die Probleme aber schon lange nicht mehr: die Zerstörung der natürlichen Lebensgrundlage, die Folgen neuer Technologien wie grenzüberschreitende Radioaktivität oder die Risiken der Gentechnik, Tierschutz missachtende Ernährungsgewohnheiten, Wassermangel, Krankheitserreger wie Moskito-Mücken oder die die europäischen Kastanien bedrohenden Minimier-Motten, hautkrebsauslösendes Ozonloch …

Nicht weniger bedrohlich, der politische Sprengstoff dieser waffenstrotzenden Welt: das uneingelöste Gleichheitsideal mit den hohen Mauern zwischen gewalttätigem Superreichtum und gewaltantuender Verarmung auf der anderen Seite, mit Steuer- und Wirtschaftsflüchtlingen und grenzüberschreitender Kriminalität. Der Fundamentalismus der Religionen und der Ideologien, seien sie marktradikal, verdeckt menschenverachtend oder offen faschistisch.

Welche wesentliche Aufgabe ist überhaupt noch nationalstaatlich zu lösen? In unseren Staatsbürgerkunde- und Volkshochschulkursen, die auch eine Online-Variante bieten könnten, wäre ein klarer Überblick zu verschaffen: Wofür gibt es UN-Konventionen, EU-Verordnungen und -Richtlinien? Wofür sollte es welche geben? Welcher nationale Spielraum ist sinnvoll? Ist nationale Gesetzgebung letztlich nicht immer eine Wand gegen andere Nationen? Wenn nicht, warum macht man es nicht gleich gemeinsam?

Natürlich – der unterschiedliche Lebensstandard, für den die andere Kultur und Tradition gern zum Vorwand genommen wird. In Wahrheit wäre es wichtig, sich gemeinsam für eine Ordnung einzusetzen, die die soziale Kluft im Innern überwindet, um so auch die zwischen den Ländern zu verringern. Entfernen wir uns nicht mit jedem selbstgestrickten Gesetz von dem **europäischen Haus**, darin die angestrebte Sozialgemeinschaft eines Tages den wirtschaftlichen Zweckverband Europa ersetzt? Dieses Fundament nicht gelegt, sondern nur die kühlen, fensterlosen Gänge zur Fiskalunion gebaut zu haben, hat Europa in seine schwerste Krise gestürzt. Sich nun als Einzelstaat aus dem Torso herauszuwinden, wäre nach weitgehender Übereinstimmung von Experten deutlich verlustreicher, als den Bau zu vollenden. Selbst wer das nicht bezweifelt, sollte Zugang zu den Rechenwegen haben, mit denen er seinen guten Glauben begründen kann.

Um das bisher nur mit Rettungsschirmen überdachte Gebäude wetterfest zu machen, muss die Budgethoheit der nationalen Parlamente nach Brüssel verlegt werden. Das Problem bei der nur durch Verfassungsänderung zu ermöglichenden Abgabe von Souveränität ist weniger, dass der nationale Rahmen gesprengt wird. Das wohlverstandene, **egoistische Interesse** jeder europäischen Nation ist letztlich, ein guter Europäer zu sein, da man sich in der Tat nur noch gemeinsam behaupten kann. Im Übrigen erinnern wir uns: Man kann keine nationale Souveränität abgeben, die sowieso nicht besteht. Wir haben gesehen, dass das Kapital die Demokratie längst aufgekauft hat. Ob nun unsouverän im eigenen Land oder im eigenen Europa – ist das nicht auch schon egal?

Vorsicht: Das Problem ist, dass die für die Demokratie in Europa unerlässlichen Strukturen noch nicht hinreichend ausgeprägt sind. Mit dem Vertrag von Lissabon hat sich das Kapital noch ungehinderter Verwertungsbedingungen geschaffen, die in den einzelnen Staaten greifen sollen. So hat der Europäische Gerichtshof bekanntlich gegen das Volkswagen-Gesetz geklagt, das feindliche Übernahmen anderer Konzerne verhindern soll. Das verstößt angeblich gegen den freien Kapitalverkehr in der EU. Der Bundestag hat mit erstaunlicher Gelassenheit ein neues Gesetz entworfen, das sich von dem alten kaum unterscheidet. Der EGH hat erneut geklagt … Hier läuft ein Kräftemessen ohne demokratische Grundlage. Die Völker sind zu dem schwerwiegenden Lissaboner Vertrag nicht befragt worden.

Nur die verfassung- und gesetzgebende Gewalt der Unionsbürger in einem Parlament mit Initiativrecht wäre eine **akzeptable Legitimationsgrundlage**. Der Einwand, hier könne durch die unterschiedliche Bevölkerungsstärke der Staaten kein gerechtes Stimmsystem geschaffen werden, ist längst durch ein Modell entkräftet, wie mir Staatsrechtler versichern: Nach dem Prinzip der doppelten Gleichheit ist einer Kammer, die nach Bevölkerungszahl zusammengesetzt ist, eine zweite Kammer gegenübergestellt, in der jeder Staat die gleiche Anzahl Senatoren mit Vetorecht hat. Dieses Problem ist jedenfalls nicht unlösbar. Der einstige französische Staatspräsident Giscard schlug unlängst vor, eine neue Abgeordnetenversammlung ins Leben zu rufen, deren Vertreter aus dem europäischen und den nationalen Parlamenten in Straßburg tagen (*SZ*, 19. 11. 2012). Wenn diese Repräsentanten dann eines Tages durch Räte ersetzt würden, wäre dieser Vorschlag auch für mich plausibel.

Solange jedenfalls die Gesetze nicht von dem zu konstituierenden **europäischen Souverän** verabschiedet werden, können wir uns von der Hoffnung verabschieden, nicht mehr von Bürokraten, Lobbyisten und Bankiers beherrscht zu werden. Niemand ist heute in der Lage, die Europäische Zentralbank zu kontrollieren, die den Banken für mehr als eine Billion Euro Kredite zu sehr niedrigen Zinsen quasi geschenkt hat, damit diese Staatsanleihen kaufen konnten, die ihnen viel höhere Zinsen bringen, als sie der EZB bezahlen müssen. Das hat den angeschlagenen Banken geholfen, den angeschlagenen Staaten nicht. Gebraucht wird ein starkes europäisches **Mandat für Bankenaufseher**.

Gebraucht wird eine auch internationale Diskussion der Eigentumsbegriffe. In seinem Essay «Jenseits des Unternehmer-Kapitalismus – kein so wilder Traum» fordert der Politökonom Gar Alperovitz (*The Nation*, 22. 5. 2012), das US-amerikanische Tabu zu brechen und **public ownership** endlich zurück auf die Agenda zu holen. Auch wenn man damit natürlich des Sozialismus verdächtigt würde, sei dies der einzige Weg, einige der ernstesten Probleme, vor die sich die Nation gestellt sehe, zu lösen. Mit viel Optimismus könnte man den Begriff mit Gemeineigentum übersetzen oder mit dem ominösen Öffentlichen Eigentum. Realistischer mit Staatseigentum. Da Alperovitz im weiteren Text die Synonyme state-owned und gar government-owned benutzt, soll man sich über den Stand der Dinge in den USA keine Illusionen machen. Aber man soll die Realität auch nicht unterschätzen. Alperovitz verweist darauf, dass bereits 10 Millionen Amerikaner in «demokratisierten Betrieben» arbeiten, die, employee-owned, der Belegschaft gehören. Kooperativen aller Art, darunter Genossenschaftsbanken und Verbrauchergemeinschaften, haben gar 130 Millionen Mitglieder. Offenbar hat das Establishment schon die Erfahrung gemacht, dass mit diesem gemeinschaftlich genutzten Privateigentum das System nicht gefährdet wird.

Gebraucht wird eine stärkere Verhandlungsmacht des von den Medien bis zur Unkenntlichkeit ignorierten **Europäischen Gewerkschaftsbundes**. Dieser sollte Mitsprache haben, wenn die Auflagen der Troika aus EU-Kommission, Europäischer Zentralbank und Internationalem Währungsfonds, die Löhne in Europa senken und die Tarifautonomie abschaffen wollen.

Gebraucht wird demokratische Kontrolle über den EURO-Rettungsfonds ESM und den auf ewig gelten sollenden Fiskalpakt, der bei Nichteinhaltung von Verschuldungsgrenzen finanzielle Sanktionen vorsieht. Nachdem das Bundesverfassungsgericht die sehr ernst zu nehmenden Klagen der Bundestagsfraktion der LINKEN und einzelner hochkompetenter Kläger anderer Parteien gegen beide Vorhaben auf kapitulierende Weise verworfen hat, ist Eile geboten. «Der ESM ist eine Zweckgemeinschaft luxemburgischen Rechts, die für ihn handelnden Personen, all seine Organe und Bediensteten, sind völlig immun, können von nichts und niemandem belangt werden. Es gibt weder eine Kontrolle durch die Parlamente noch eine durch die Justiz», empört sich Heribert Prantl in der *Süddeutschen Zeitung* (29.6.2012) und fordert: «Alle Staatsgewalt dem Volke, und zwar sofort.»

Sofort? Dann aber schnell, mit unseren «Demokratie-Diplomen». Doch so undurchschaubar sind die Befunde gar nicht – die uns von der Basis bekannt vorkommenden Probleme wiederholen sich auf jeder höheren Ebene. Und sobald die Wähler verinnerlicht haben, dass ihr politisches Schicksal weniger in Berlin als in Brüssel und in Straßburg entschieden wird, werden sie die Europawahlen auch ernster nehmen. Schon jetzt hat Verfassungsrichter Peter Huber sie wissen lassen, dass die erreichte europäische Integration «sich von einem Staat nicht merklich unterscheidet». Je großflächiger diese höheren Ebenen allerdings werden, je schwerer ist auf Dauer vorstellbar, sie durch Repräsentation vertreten zu können. Zumal Parteien international nicht genügend kompatibel sind. Rätestrukturen aber, die in den kleinsten, selbstverwalteten Kommunen bürgernah beginnen und sich schließlich von Stufe zu Stufe über Ländergrenzen hinweg bis zu neuen UN-Departments emporranken, sind langfristig als demokratischer Organismus zumindest eher denkbar.

Der Weg dorthin ist mit den bekannten Stolpersteinen gepflastert. Aber es wäre ein durch Bürgerbeteiligung legitimierter Weg, so oder anders zu gehen: von der nationalen zur europäischen und irgendwann weltweiten Öffentlichkeit mit supranationalen Medien, die nicht wie CNN durch Privateigentümer, sondern durch Gemeineigentümer kontrolliert werden; von dem demokratisch nicht kontrollierten EU-Militärbündnis zu einem EU-Friedensbündnis, von den Volkshochschulen zu Völkerverständigungshochschulen; von nationalen Egoismen zu einer internationalen Zivilgesellschaft mit einem **einheitsstiftenden Humanismus**, der sich auf die Werte Freiheit, Gleichheit und Brüderlichkeit beruft. (Das schöne alte Wort *brüderlich* hat sich als wohlklingendes Synonym für geschwister- oder schwesterlich bewährt und sollte daher nicht durch Genderkorrektheit verunstaltet werden.) Schließlich die Eroberung von Bürger- (und, wie doch im Sprachgebrauch längst verinnerlicht, Bürgerinnen-)Souveränität durch die Kompetenz der Gesetzgebung auf europäischer bis internationaler Ebene.

Wer all das für Phantasterei hält, sei daran erinnert, dass die vor Jahren von Attac erhobene Forderung nach einer Transaktionssteuer auf Devisengeschäfte nun zur allgemeinen Überraschung vom Europaparlament durchgesetzt wird. Und das Völkerrecht als international gültiges Recht hat zumindest bewiesen, dass man sich einigen kann auf etwas alle Betreffendes, wogegen auch nicht mehr verstoßen wird als gegen nationales Recht. Schwacher Trost, starkes Argument: Warum sollte es eines Tages nicht ein **Völkersozialrecht** und ein **Völkerzivilrecht** geben?

Wer all das für Phantasterei hält, sollte sich zumindest über die Gegenphantasien keine Illusionen machen. Springers *Welt* (8.11.2012) gefällt sich darin, den provozierenden Hans-Ulrich Gumbrecht Voraussagen über das angebrochene **postpolitische Zeitalter** machen zu lassen, das von «Bedrohungen erfüllt ist, welche unvermeidlich und unumkehrbar auf uns zukommen – statt offen und gestaltbar zu sein». Dazu gehöre, dass man sich «gewisse Sozialleistungen der Gemeinschaft nicht mehr wird erlauben können. Und die pessimistische – aber vielleicht in ihren apokalyptischen Tönen gar nicht unrealistische – Version der Zukunft hält einen dritten Weltkrieg für unvermeidlich als einen Krieg um den Zugang zu den verbleibenden lebensnotwendigen Rohstoffen.»

Die Völker werden dieses Mittel nicht für unvermeidbar halten, es waren immer die Herrschenden, denen Krieg für ihren Machterhalt gerechtfertigt schien. Wer verhindern helfen will, dass dieses «postpolitische», also durch Politik nicht zu vermeidende Schreckensszenario zur Aufführung kommt, muss eine Rolle in einem anderen Stück übernehmen.

Hoffentlich bleibt uns die Zeit, die wir für diesen Prozess brauchen werden. Wie wir sie nutzen können? Lernen wir einmal mehr von Afrika, der Achillesferse des Weltkörpers. In Nairobis schon erwähntem Sportzentrum Kasarani erlebte ich während des Weltsozialforums folgende Szene:

«We will make it step by step», sagt der Anführer der 40-köpfigen Boysgang ganz cool. Dann stürmen die Kinder aus dem Slum Kibera die Vitrine mit den Vorspeisen. Roher Schinken, gekochte Eier, gefüllte Tomaten werden von dünnen Ärmchen in hungrige Mäuler gestopft. Die Angestellten des dem Sicherheitsminister gehörenden Lokals *Windsor* stehen starr vor Schreck. Ausländische Fotografen springen auf die Theke und halten fest, wie sich die Jungs nun aus den Alupfannen mit den Hühnerbeinen und Würsten versorgen. In Ermangelung von Papptellern wandern Lammkoteletts in Trinkbecher, Nudelaufläufe werden auf ausgebreitete Zeitungen gekippt. Wenn seine Catering-Firma nicht zum Zuge käme, würde der Zugang zum Tagungsort des Forums verweigert, soll der Minister gesagt haben. Er ist für einen rüden Umgang mit Andersdenkenden bekannt und ließ im Namen der angeblichen nationalen Sicherheit die Redaktionsräume der wichtigsten kenianischen Zeitung *The Standard* durchsuchen. Nun stehen die Polizisten neben den hungrigen Rebellen und können angesichts der anwesenden Weltöffentlichkeit nichts machen. Sie scheinen sich nur noch zu fragen, was mit den Desserts geschehen wird. Doch schon greifen kleine schwarze Hände ins weiße Sahneeis.

Souveränes Denken überschreitet Grenzen. We will make it step by step.

8. WARUM STAAT SEIN?

Von der Freiheit zur Umkehr

Habe Mut, dich deines eigenen Verstandes zu bedienen.
Immanuel Kant

Diese Denkschrift stellt die morsch gewordenen **Grundstützen des bürgerlichen Staates in Frage**. Sie tut es aus Achtung vor den bürgerlichen Werten. Es geht nicht um eine Schwächung des Staates, sondern um seine stärkere demokratische Legitimierung. Das ideelle Erbe der Amerikanischen und der Französischen Revolution des 18. Jahrhunderts – Freiheit und Gleichheit anstrebende, unveräußerliche Menschenrechte – ist in Gefahr. Der heutige Staat, dieses Kaninchen vor der Schlange, ist nicht mehr in der Lage, die westlichen Werte zu bewahren: Gerechtigkeit durch Herrschaft des Rechts, Gewaltenteilung, Volkssouveränität, Demokratie. Die bereits fortgeschrittene feindliche Übernahme durch die im Verborgenen herrschenden Clans ist nicht zu stoppen, wenn nicht deren Machtinstrumente entschärft werden: die der Monarchie verhaftete und mit Volkssouveränität unvereinbare Theorie und Praxis vom *Staat als juristischer Person*, das falsche Gewichte nutzende *Römische Recht*, die Gewaltenteilung unterlaufende *Monopolisierung von Privateigentum*, die dem Schlangengift des Geldes erlegene *repräsentative Demokratie*.

Nicht nur hinten fern in der Welt, sondern vor unserer

Haustür ist mit radikalen Umbrüchen zu rechnen, in denen sich nach historischem Vorbild spontan Volksorgane bilden werden. Die **Räterepublik als Alternative** wird die Parteien auf den zweit- oder drittrangigen Platz verweisen, der ihnen gebührt. Eben deshalb stellen die Vertreter der Parteien die parlamentarische Demokratie gern als *das* Erbe der Amerikanischen und der Französischen Revolutionen dar. Was man bestenfalls dann unwidersprochen hinnehmen kann, wenn man berücksichtigt, dass in Revolutionen am Ende nie das herausgekommen ist, was sich deren Schöpfer am Anfang erhofften.

Unserer reformierten Volkshochschule stünde auch eine Lektion über Räte gut zu Gesicht. Beginnend bei den Frühformen – den mittelalterlichen Stadtkommunen oder dem «Ewigen Rat», der sich unter Thomas Müntzer 1525 in Mühlhausen bildete, um für die kurze Zeit, die ihm vergönnt war, ein auf Gemeinnutz und Gleichheit beruhendes Verteilungssystem zu organisieren. Fortfahrend mit dem Schweizer Kantonsystem, den Agitators aus den englischen Revolutionen oder dem General Council, dem Allgemeinen Rat der Armee Cromwells, der sich 1647 zur Interessenvertretung «der freien Männer des Volkes von England» erklärte. Schließlich der aus der Erfahrung der Amerikanischen Revolution von Thomas Jefferson 1824 entwickelte Plan eines Rätesystems «kleiner Republiken». Altersweise sah er darin die einzige Möglichkeit, dem Volk, von dem nun laut Verfassung alle Macht ausgehen sollte, eine Handhabe zu geben, sich als Bürger einer Republik zu erweisen. Die erwähnten

Räte, von der Pariser Kommune bis zur Novemberrevolution, wären zu behandeln, um schließlich Hannah Arendts Fazit zu verstehen:

An die Stelle der Regierenden, «zu welchen das Volk kein Vertrauen mehr» hat, da sich das Repräsentativsystem in eine Art Oligarchie verwandelt hat, treten Räte als «der große Endzweck der Republik selbst». Weil Räte, die auf jeder Stufe der Pyramide für demokratisch legitimierte Autorität sorgen, den Rahmen bieten, in dem «jedermann von seiner Freiheit Gebrauch machen kann». Da «niemand frei oder glücklich ist, der keinen Anteil an öffentlicher Macht» hat. In diesem Sinne sind Räte, nicht als sofortige, ultimative Lösung, aber als möglicher demokratischer **Ausweg aus der Parteienkrise**, wert, bedacht und diskutiert zu werden. Mit dem Aufbau erster Parallelstrukturen könnte begonnen werden. Die erwähnten Bürgerhaushalte sind ein solcher Schritt. Der Sprung in eine höhere Qualität würde sein, die Räte in die Gesetzgebung einzubeziehen, diese schließlich in ihre Hände zu legen.

Selbstermächtigung zum Gesetzgeber heißt, die Staatsgeschicke als Souverän in die Hand zu nehmen. Die Kunst wird darin bestehen, die Fachleute mit der Entwicklung eines Rechtes zu beauftragen, das einerseits die Einschränkung des Eigentums durch humanitäre, ökologische und kulturelle Aufgaben, zu denen es verpflichtet, genau bestimmt. Und das andererseits jenseits dieser Abstriche dem produzierenden oder handeltreibenden Eigentümer verlässliche Sicherheiten geben muss, «seine

Sache zu gebrauchen». Eigentum ist kein natürliches Recht. Die Eigentumsgarantie muss da ihre Grenze finden, wo sie auf Kosten anderer zu abnormem Reichtum führt. Unterhalb dieser gesetzlich zu bestimmenden Grenze soll der gewerbetreibende Mittelstand geschützt sein, wie natürlich auch das persönlich genutzte Eigentum aller Rechtschaffenen. Wohlstand für alle wäre längst möglich.

Das Bedürfnis, durch ein **kunstvolles Recht** den Traum vom besseren Zusammenleben zu verwirklichen, ist eine Ursehnsucht aller sozialen Utopien. Neben Platons «Politeia» und Jambulos «Sonneninsel» ist der antike Aristophanes nach wie vor kühne Zukunftsmusik: «Aus Mangel wird nie mehr ein Mensch vergehen, denn **alles ist Eigentum aller**.» Mit seiner «Utopia» einst Stimme der Renaissance, klingt Thomas Morus heute wie ein hellsichtiger Blogger: «Wo es noch Privatbesitz gibt, wo alle Menschen alle Werte am Maßstab des Geldes messen, da wird es kaum jemals möglich sein, eine gerechte und glückliche Politik zu treiben ... Wenn ich alle unsere Staaten, die heute irgendwo in Blüte stehen, betrachte, so stoße ich auf nichts anderes als auf eine Verschwörung der Reichen, die den Namen und Rechtstitel des Staates missbrauchen, um für ihren eigenen Vorteil zu sorgen.»

Genau das ist es: Wir haben einen Staat, der für den Missbrauch durch die Reichen geschaffen ist. Als Eigentümer gerät dieser Staat ständig in Rollenkonflikte. Es gilt als antiquiert, in die operative, privatwirtschaftlich betriebene Geschäftsführung einzugreifen. Mit der Folge, dass es für die Beschäftigten ohne Belang ist, ob sie in einem staatlichen Betrieb arbeiten oder nicht. Früher galt der Staat als Anteilseigner, mit seiner Sperrminorität im Aufsichtsrat, noch als gewisser Schutz vor feindlichen Übernahmen. Das öffentlich gewidmete Privateieigentum des Staates sah sich stärker einem am Gemeinwohl orientierten Legitimationsdruck ausgesetzt. Doch unter dem Privatisierungswahn der Europäischen Union ist auch darauf immer weniger Verlass. Ja der Staat verwandelt sich immer mehr in eine **Apparatur zum Schutz systemrelevanten Privateigentums auf Kosten der Allgemeinheit**.

Dabei verhindert das eherne Prinzip der Gewinnmaximierung Vernunft. Wenn etwa Gewerkschafter in Aufsichtsräten aus ökologischen und gesundheitlichen Gründen darauf drängen, schädliche industrielle Verfahren zu verändern, drücken sie mit dieser Investitionsforderung auf die Rendite. Das entgeht den Bankhäusern nicht. Sie verschlechtern das Ranking, und damit werden Kredite für dieses Unternehmen teurer. Das heißt, vernünftige Vorschläge setzen einen Mechanismus in Gang, der abstraft, der Arbeitsplätze und womöglich das ganze Unternehmen gefährdet. Weshalb die Lohnabhängigen in den Aufsichtsräten schweigen, statt ihre Kontrollaufgabe wahrzunehmen.

Dieser irrationale Mechanismus ist durch Reparaturen am Rande nicht zu beheben. **Frei ist, wer die als falsch erkannte Funktionslogik umzukehren vermag.** Diese Umkehr führt zwangsläufig zur Trennung von Eigentum und Staat. Der einzige Schutz vor feindlicher Übernahme ist verfassungsrechtlich geschütztes Gemeineigentum. Nur wer nicht aufgekauft werden kann, ist dem ruinösen Zwang zur Profitmaximierung nicht ausgeliefert. Nicht geschützt sein darf der Gemeineigentümer allerdings vor den gesellschaftlichen Verfügungsrechten, die in einem permanenten *learning by doing* qualifiziert werden müssen. Frei von feindlicher Übernahme, nicht frei von freundlicher Teilhabe – in diesem Rahmen ist demokratische Gemeinwirtschaft vorstellbar.

Überfällig also die kämpferische Ansage: Gold den Hütten, Grau den Palästen. Gold mithin den Kindergärten, Volkshochschulen, Universitäten, Bibliotheken, den Häusern der Kultur, auch den Krankenhäusern, Volksküchen, Gästehäusern (Asylantenheimen). Grau den internationalen Konzernen der Großindustrie, der Rüstung, der Energie und der Finanzen, selbst denen des Staates.

Wir sind der Staat – das ist Anspruch und Bedingung für Akzeptanz. Dieses Wir ist ein arbeitsteiliges, ein Verantwortung zusprechendes, ein Aufgaben delegierendes. Was nicht delegiert werden kann, ist Wissen. Zu einem Bürger-Paradies wird ein Reich erst, wenn die Erkenntnis über Gut und Böse kein Herrschaftswissen, wenn das göttliche Denkverbot aufgehoben ist. Das ist keine Sünde, die Herrschaft misstraut, sondern eine Tugend, die die Geschicke zum Besseren wenden kann. Wir müssen alle ganz genau wissen, wer warum welche Macht hat und wer sie kontrolliert. Die Prämissen für Einsicht und Moral müssen vergesellschaftet sein, die Schlussfolgerungen bleiben individuell. Erst dann wird der Ruf: Wir sind das Volk, we are the people, seine emanzipatorische Kraft behaupten können. **Souverän ist, wer über Gut und Böse entscheidet**.

Mit Beginn der stoischen Utopie 300 v. Chr. erschien erstmals ein «Programm des Weltbürgertums», also der «Einheit des Menschengeschlechts». Auch die war nur mit Gemeineigentum vorstellbar. Der Stoiker Kleanthes sprach von dem «gemeinsamen Herd der Welt», über den «die Internationale aller vernünftigen Wesen» waltet. Von dem Gemeinwesen einer kosmischen Stadt, der jeder einzelne Staat als schmuckes Haus angehört. Die Erschaffung eines an Humanität orientierten, **globalen Souveräns** wird eines hoffentlich absehbaren Tages als revolutionäre Schöpfungsgeschichte der Globalisierung beschrieben werden. John Lennons «Power to the People» wäre dessen kongeniale Hymne. Der siebente Schöpfungstag steht noch aus. Mit ihm die frei interpretierbare Utopie des Augustinus: «Dies septimus nos ipsi erimus. Der siebente Tag werden wir selbst sein.»

Die Zeit drängt. Weil die Natur drängt und die unnatürlich Verarmten. Machen wir uns, als Generalprobe fürs Globale, den europäischen Stadtteil wohnlich: durch Runde Tische und schließlich das Mobiliar einer vom Souverän verabschiedeten Verfassung. Träumen wir von Häusern der Völkergemeinschaft, deren Tore weit geöffnet sind und uns die Zuversicht geben: Hier bin ich Mensch, hier will ich sein.

FSC
www.fsc.org
MIX
Papier aus verantwortungsvollen Quellen
FSC® C083411

Das für dieses Buch verwendete Papier ist FSC®-zertifiziert.